嘿原白鹿原

杨争光

祁念曾　张效民　主编

四川文艺出版社

图书在版编目（CIP）数据

魂系白鹿原：陈忠实纪念文集 / 祁念增，张效民编. — 2版. — 成都：四川文艺出版社，2019.3
ISBN 978-7-5411-5251-1

Ⅰ. ①魂… Ⅱ. ①祁… ②张… Ⅲ. ①陈忠实（1942–2016）—纪念文集 Ⅳ. ①K825.6-53

中国版本图书馆CIP数据核字（2019）第027892号

HUNXI BAILUYUAN

魂系白鹿原

陈忠实纪念文集

祁念曾　张效民　主编
铁　凝　贾平凹等　著

责任编辑　孙学良
封面设计　叶　茂
内文设计　史小燕
责任校对　汪　平　程　川

出版发行　四川文艺出版社（成都市槐树街2号）
网　　址　www.scwys.com
电　　话　028-86259287（发行部）　028-86259303（编辑部）
传　　真　028-86259306

邮购地址　成都市槐树街2号四川文艺出版社邮购部　610031
排　　版　四川最近文化传播有限公司
印　　刷　三河市华东印刷有限公司
成品尺寸　140mm × 203mm　　开　本　32开
印　　张　6.25　　字　数　120千
版　　次　2019年3月第二版　　印　次　2021年4月第三次印刷
书　　号　ISBN 978-7-5411-5251-1
定　　价　45.00元

水流元在海，

月落不离天。

怀念陈忠实：他依然在世间（代序）

文/贾平凹

面对着陈忠实的离去，作为同辈人，作为几十年的文友，到了这个年纪和这一时刻，我真切地感受到什么叫黯然神伤，什么叫无声哭泣。

他是关中的正大人物，文坛的扛鼎角色，在思念着他作为一个作家的丰功伟绩，我就想到一句诗：水流元在海，月落不离天。

正如有哲人说过，在这个宇宙里，生命是不息的，当每一个人的一世进入其中，它就活在了整体，活在了无限，而不仅仅是一个家庭、一份工作、一份情思里。任何一个人的去世，如果说是这个整体的一部分失去，是我们的一部分失去，但那仅仅是带走了一部分病毒、疼痛和恐惧，生命依然不息。

更何况陈忠实有他的《白鹿原》。

他依然在世间。

目录

在陈忠实的创作道路研讨会上的讲话

文/铁　凝

2016年4月29日，一颗为文学跃动了七十四年的心脏在黄土高原上安息了，中国作家协会副主席、茅盾文学奖获得者陈忠实先生永远离开了我们。今天，中国作家协会在这里举行陈忠实的创作道路研讨会，既是为了表达对这位卓越作家的深切怀念，也是希望通过深入的学术研讨，从陈忠实的创作道路中总结经验，获得启迪，推动中国文学的繁荣发展。我谨代表中国作家协会，对各位作家、评论家、文学界同仁和媒体朋友们出席今天的会议表示衷心感谢!

陈忠实先生去世到今天一个月零八天，我至今还不能接受老陈已经走了。我想，很多朋友和我一样，想起老陈，我们就如同想起黄土高原上一棵挺拔的老白杨树，立在那里，饱经风霜，是那么的刚毅、忠厚、热情、苍劲。在我的印象里，老陈似乎从没有年轻过，但老陈也永远不会老去。此时此刻，我不由得想起1992年11月21日在路遥追悼会上陈忠实评价路遥的一句话，“我们不得不接受这样的事实，无论这个事实多么残酷以至至今仍不能被理智所接纳，这就是：一颗璀璨的星从中国文学的天宇陨落了。一颗智慧的头颅终止了异常活跃异常深刻也异常痛苦的思维。”我想，这句话也完全可以用来表达我们在这一个多月里的心情。

陈忠实离去了，但是，他留下了《白鹿原》，留下了包括中短篇小说、散文随笔、报告文学、文学评论等多方面的丰硕成果。陈忠实是为文学而生的，他从初中二年级开始尝试写作，1965年初，他二十三岁时第一次发表作品，那是一篇散文。此后在漫长的岁月里，他从来没有放下他的笔，直到生命垂危，他依然用笔在纸上写着，字迹已难以辨认，但那支笔却不甘就这么停下来。卡夫卡说，笔不是作家的工具，而是作家的器官。这对陈忠实来说尤其贴切，写作就是他的生命，他把一切献给了他所挚爱、他所信仰的文学。

在陈忠实的遗体告别仪式上，我看到老陈的颈下枕着的是他的《白鹿原》。这时，我想到他生前最后一本散文集的名字，这本书叫作《生命对我足够深情》。陈忠实一生自奉甚俭，他对这个世界的生活需求人们所能记得的可能只是一碗面、一根烟、一曲秦腔，但是，他获得了生命对一个作家最丰厚的馈赠：在他生前，在他写完那部名为《白鹿原》的书的时候，他就已经确信，这是一部“死后可以放在自己棺材里当枕头用”的大书。而今天，我们所有的人对此同样确信不疑，《白鹿原》作为中国当代文学的经典将长久地被阅读、被记住。

陈忠实是人民的作家。他来自人民，属于人民。在他去世后，前往灵堂吊唁的人络绎不绝，他们中不仅有文学界和文化界的朋友，更多的，是普通的读者，是远道而来的乡亲们。在最后送别的那天，大厅外的广场上聚集着那么多的人，一种发自内心的热爱和悲伤把人们召唤在一起。这样的情景让我们深刻地理解了陈忠实的根本力量。他是一个从未离开他的乡亲、他的人民的作家。对陈忠实来说，人民不是一个抽象的概念，人民是活生生的有血有肉的具体的人，是那些和他谈笑、向他倾诉生活中的苦恼的农民朋友，是素昧平生但一见如故的读者，陈忠实从来不会用居高临下的眼光去看待他们，因为他知道自己和他们一样，自己就在他们中间，他和人民血脉相通、心心相印。

这样一个作家，毕生执着地热爱着他的土地和村庄。这些天，我们看到了陈忠实的很多照片，其中有一张给我很深的印象，那应该是在他的晚年，明显看得出他的身体瘦弱，老陈站在田地里，扬起锄头，脸上是阳光灿烂的笑容。给人的感觉，就是一个老农站在自家的田里，站在他一辈子劳作和收获的地方，顶着他的天，踩着他的地，他是那么的自信、踏实、敞亮。这就是陈忠实，他的根深深地扎在乡土中，扎在中国的乡村生活中。也正因为如此，他才会见人所未见，对乡土中国的现代命运做出了振聋发聩、别开天地的表现，他的《白鹿原》才成为来自民族生活深处、凝聚着文化和历史的丰厚经验的“中国故事”。

这样一位忠于人民、忠于生活的作家，他的创作道路始终贯彻着强烈的责任感。《白鹿原》的扉页上写着巴尔扎克的一句话："小说是一个民族的秘史。"我想，对陈忠实来说，这不仅是一种文学观，更是一种责任，一种信念。从1985年创作中篇小说《蓝袍先生》时起，陈忠实便开始了对民族命运的深入思考。他花费两三年的时间做了周密的准备，1988年清明，开始写作《白鹿原》，1992年3月完成全稿，次年出版。在写完《白鹿原》的那一刻，陈忠实失声痛哭。我想，这一哭不仅是艰难跋涉后抵达峰顶的激动，更包含着一个自觉承担着书写民族秘史的责任的作家面对民族的苍茫历史和壮阔灵魂的百感交集。

经过艰难的探索与蜕变，陈忠实"寻找到了属于自己的句子"。《白鹿原》是恢宏的史志和史诗，它带领我们进入新的思想和艺术境界，同时也把中国新文学以来的现实主义传统带到了一个新的高度。面对传统，陈忠实满怀虔诚和礼敬，是一个忠实的学生；但同时，他又是一个坚决的、大胆的、一往无前的创新者。他曾经说过："柳青是我最崇拜的作家之一。在我小说创作的初始阶段，许多读者认为我的创作有柳青味儿，我那时以此为荣耀。因为柳青在当代文学上是一个公认的高峰。到80年代中期我的艺术思维十分活跃，这种活跃思维的直接结果，就是必须摆脱老师柳青，摆脱得越早越能取得主动，摆脱得越彻底越能完全自立。"正是一代又一代作家这种"完全自立"的雄心和意志延续着中国文学与时俱进、生生不息的生命活力。

陈忠实一生忠厚为本、质朴为人、真诚待人、坦诚做人。他从未失去做人的“初心”，也从未失去为文的“初心”，他是一个好人，是一个好作家，一个沉静、高洁的作家。他的一生有力地证明了：一个作家的精神境界、思想高度和人格力量决定着他的作品的境界、高度和力量。陈忠实无愧于自己的人生，无愧于哺育他的三秦大地，无愧于时代、历史和人民。

今天，我们回顾陈忠实的创作道路，也是在回顾一个作家迈向高峰的历程。习近平总书记在文艺工作座谈会上的重要讲话，为中国文学在新的时代条件下的繁荣发展指明了方向。在前进的道路上，陈忠实为我们提供了丰富的、多方面的经验和启迪。斯人已逝，风范长存，中国广大作家一定会从前辈的探索和创造中汲取力量，书写中国故事，弘扬中国精神，不断迈向新的艺术高峰！

【铁凝，1957年生于河北赵县，当代作家，中国作家协会主席。主要著作：《玫瑰门》《无雨之城》《大浴女》《麦秸垛》《哦，香雪》《孕妇和牛》以及散文、电影文学剧本等百余篇（部），总计300余万字。散文集《女人的白夜》获中国首届鲁迅文学奖，中篇小说《永远有多远》获第二届鲁迅文学奖。根据小说改编的电影《哦，香雪》获第41届柏林国际电影节青春片最高奖。电影《红衣少女》获1985年第5届中国电影金鸡奖最佳故事片奖、第8届大众电影百花奖最佳故事片奖、文化部1984年度优秀影片一等奖。】

陈忠实的恐慌

文/石　岗

一

四天前，我开车千里，到塞外去。在都市待得久了，憋气，就需要到大沙漠和大草原边缘，去看那一望无际的蓝天，好让心胸也像蓝天那样广阔纯净。但是，这一次，很失败，是因为陈忠实死了。

我在路上开着车，和我同行的小青年郭飞告诉我，陈忠实死了，手机里都在传着。我开始想，这几年文化圈死的名家多了，而且陈忠实已经病了很长时间，死了也是正常的，七十四岁，在这个年龄死了，也不算夭折，死了也算脱离病痛了，从此永生。庄子说："古之真人，不知悦生，不知恶死。"他是说古代的真正懂得生命意义的人，没有觉得拥有生命有多么可喜，也不觉得死亡来临有多么可怕。陈忠实是大智慧者，他肯定不惧死亡，所以，他死的时候也可能没有恐慌，死了，也就死了吧！

二

但是，陈忠实的死却在我心头引起恐慌，我住在大沙漠边沿，每天望着没有一丝云彩的天空，心里却乌云笼罩，一片寒冷，再也没有激情去野外周游了。

本来我想，陈忠实活着的时候，和我没有交往，他死了，我应该是最能放得下的，但是，他的死却让我寝食难安，再加上，每天晚上浏览微信，朋友圈里是铺天盖地、没完没了的悲伤，我的心就更加寒冷。

我想我们可能在经历一件大事，微信圈里的是悲伤吗？各式各样没完没了的纪念，是悲伤吗？张贤亮死了，没有这样；阎肃死了，没有这样；梅葆玖死了，也没有这样。唯独陈忠实死了，仿佛天崩地裂。我突然明白了，这不是悲伤，这是恐慌。

三

人的恐慌，一般来自对未来的无知和恐惧。荀子在《天伦》里说："星坠木鸣，国人皆恐"。星辰陨落，草木鸣叫，人民都害怕极了。陈忠实死了，人民害怕什么？我一天抽了四盒烟，在沙漠的边沿无声地行走，几次，小年轻郭飞对我讲话，都遭到我的斥责，我心里恐慌了吗？我恐慌。

四

陈忠实死了，从此侠义精神不存。金庸的侠义，来自虚幻，没有落地的土壤。陈忠实的侠义，就是土生土长的中国精神。

清军二十万人入关，朱先生一双布鞋一把伞，孤身一人去劝说清兵撤退，一介书生救生民于水火，不惧死亡，天下第一大侠。

白嘉轩身为族长，整治家族之风，把赌徒的手伸进开水锅，往爱吃喝的人嘴里灌大粪，痛快淋漓，疾恶如仇，中侠也。

鹿三见自己的儿媳田小娥勾引东家的儿子白孝文，让他身败名裂，于是，一把刀子戳进儿媳的后背。独行侠也。

陈忠实死了，倡导侠义精神的人不在了，侠义从此不存，文坛只剩下蝇营狗苟之徒，只剩下偷情摸汉的玩意，谁来倡导侠义？人民怎么会不恐慌呢？

五

陈忠实死了，天下还有仁爱吗？

白鹿原上还有没有每年把收获的第一茬麦子磨成白面，送给乡亲的白修身老汉？还有没有把长工当作兄弟，给他娶妻生子，让他的儿子也读书识字的白嘉轩？还有没有饥荒年馑，把换回来的粮食全部送给长工的白嘉轩？还有没有别人卖地，看人家可怜，多加几斗麦子的白嘉轩？还有没有把土匪感化成好人的朱先生？

而创造和倡导这些仁爱古风的人死了，文坛上只剩下写偷看别人屁股，勾引别人女人的人。仁爱之风无人倡导，人们能不恐慌吗？

六

陈忠实死了，天下还有没有阳刚的男人？

“白嘉轩后来引以豪壮的是一生里娶过七房女人。”娶七房女人，不是为了性的满足与淫荡，而是在苦难的土地上，为了家族的繁衍与茁壮。陈忠实笔下，男人睿智刚正，豪侠仗义，勤奋持家，阳刚雄起。有这样阳刚的男人，女人才温良贤淑。但是，民国的革命让这一切混乱，有人当了土匪，有人抽了大烟，有人出走叛逆，有人当了破鞋，而陈忠实给这些不肖之子一概判了死刑。让这些制造混乱的人，都不得好死，或上刑场，或被暗杀，或被活埋，反正一句话，不得好死。这就是大丈夫的爱憎，分明得就像水火那样难以共处。

这样阳刚之气十足，敢于担当责任的男人死了，剩下鼓吹偷情盗汉的人物活着，人民能不恐慌吗？

七

陈忠实死了，还有没有人敢对邪恶痛斥一声？

鹿子霖是陈忠实笔下十足的小人，他一生嫉妒、邪恶、耍奸计，以日弄别人为快乐。陈忠实对这种不要脸的小人充满仇恨，他笔下的鹿子霖的祖先鹿马勺，是靠被人“走后门”，也就是被同性恋者搞屁股，才学得厨艺。鹿马勺后来学艺成功，雇来一群乞丐，把日弄自己的师傅，彻底日弄一回，直到搞瘫痪为止。鹿子霖继承了祖先的品德，邪恶无耻，耍黑娃的媳妇——破鞋田小娥，又挑拨田小娥去勾引白嘉轩的儿子白孝文，他机关算尽，但是，他的儿子最后都背叛他而去，死得可怜。陈忠实对恶人和小人毫不姑息，用笔鞭辟，鞭鞭见血，痛快淋漓。听人说陈忠实敢对指手画脚的高官怒吼：“你懂个锤子！”

这样疾恶如仇的人物死了，只剩下貌似憨厚温温吞吞的小人活着，人们能不恐慌吗？

八

陈忠实讲述了民族的秘史，讲述了民族的精神，斥责了邪恶和虚伪，但是，老天爷让他得了舌癌。让世界上最伟大的舌头得了舌癌，就像让世界上最伟大的行者玄奘法师最后断了他那双最伟大的腿一样。

老天爷呀，你要干什么？从此，天下人还敢坚持正义吗？天下没了正义，人民能不恐慌吗？

九

陈忠实死了，一片哀伤，有人说“原上曾经有白鹿，人间从此无忠实”。这句话太让人伤心！

写自己曾经多么性饥饿的人死了，没有人恐慌，只有叹息。

写上刑场前高唱歌曲，歌颂死亡的人死了，更没有人恐慌，只有观望。

男扮女装成为大师的人死了，大家说，知道了。

唯有陈忠实死了，倡导仁义理智，鞭笞邪恶淫荡的人死了，大家才恐慌。

孔子说：“泰山其颓乎，梁木其坏乎，哲人其萎乎！”能不恐慌吗？

十

我站在大沙漠边缘，望着太阳一步步往西边落下去，我恐慌极了，双手紧紧抱住臂膀，失神地望着远方。此刻，我的家乡西安，一代圣人、大侠陈忠实，你的尸体躺在太平间寒冷的冰柜里，你的灵魂就要脱离肉体，走了，你恐慌吗？

【石岗，著名学者、作家。1963年7月生，陕西人。为陕西省作家协会会员、中国报告文学学会会员。现任国际命名学会常务副会长，中国黄河文化经济发展研究会副秘书长，陕西省黄河文化经济发展研究会副会长，《黄河文化经济》杂志编委会副主任、总编辑，《黄河文化经济》《中国黄河文化经济发展研究会》网总编辑、黄河书画研究会会长等职务。】

秦岭不倒　渭水长流

——悼念陈忠实老师

文/祁念曾

4月29日上午，我接到陕西国学院孙海院长的电话：著名作家陈忠实今晨7：40分在西安西京医院病逝，享年七十四岁！

听到这个消息，我一下子惊呆了。前几天，我刚给他寄去人民日报出版社新出的我的散文集《报海拾贝》，书中有写他的文章《陈忠实：文学依然神圣》，还不知道他收到了没有。我的眼前一片模糊，泪水已沾湿了衣襟，中国文坛的一棵大树倒下了，满天的阴云也在哭泣。

认识陈忠实，是在二十多年前，我在陕西一所高校中文系教现代文学，对陈忠实的大名仰慕已久。我主编的教材《新时期文学》由河北大学出版社出版，给他寄去了一本。不久就接到了他的感谢电话。他浑厚、质朴的"秦腔"给我留下了深刻的印象。

1991年5月，中宣部文艺局和陕西省委宣传部在北京联合召开了"发扬延安精神，繁荣文艺创作"座谈会，会上重点讨论了三篇报告文学作品，其中有陈忠实写的《渭北高原，关于一个人的记忆》和我写的《壮烈的陨落》，由省委宣传部李若冰部长带队，我们一起到北京开会。陈忠实写的是著名农业科学家李立科的优秀事迹，他把李立科想农民之所想，急农民之所急，与农民同甘共苦的情怀写得淋漓尽致，感人至深。我写了一位普通的小学教师冯正福，为抢救学生而献出了自己的生命。这些作品把延安精神融入主人公的性格和心灵中，表现了延安精神在新时期发扬光大的这一重大的时代主题。忠实那时还不到五十岁，正是年富力强的创作旺季，脸上也没有那么多的皱纹和沧桑。我问他有什么新的创作打算，他皱着眉头说："写了二十多年，还没有一部让人满意的作品。这两年要下功夫写一部关中农民的命运史。古今中外卓有建树的作家，都是用作品和这个世界对话的。"后来我才知道，他这时已经集中精力在写《白鹿原》。他有一句被人们称道的名言："如果五十岁还写不出一部死后可以做枕头的书，这辈子就白活了！"他把全部心血和智慧都倾注在这部作品中。

陈忠实名如其人，忠实于艺术，忠实于人生。在谈到《白鹿原》的创作时，陈忠实说："我躲在原上写《白鹿原》，既兴奋又寂寞，我体会到创作是最孤苦伶仃也是最诚实的劳动。"之所以会有这样的感悟，是因为他对长篇小说的创作一直持十分慎重的态度。为了写好《白鹿原》，他先后花费了六年时间，查阅了西安周围三个县几尺厚的县志、党史和文史资料，并走村串户的采访历史沉迹，记下了三十多万字的采访笔记。他很佩服前辈作家柳青，"文学是愚人的事业"，他把柳青的话当作自己的座右铭。他住在家乡的小村庄里，每天从早晨写到下午四五点钟，用八个月时间写完了五十多万字的初稿。夜晚，没有电视，他就一个人跑到白鹿原的山坡上，静静地点燃一支烟，望着灯火明灭的关中大地。这块热土上半个世纪的历史兴衰，人生命运的荣辱浮沉又一幕幕在他脑海中闪现。他躲开文坛上的是是非非，一心一意去营造文学的神圣殿堂。尽管外界商潮滚滚，他却毫不动心。他说："我不能搞文学之外的事，不能让非文学因素造成对文学的伤害。"他像一个虔诚的殉道者，把毕生精力和心血都献给了神圣的文学事业。

1992年底，《白鹿原》在《当代》杂志上以卷首的显要位置分两期连载，后又由人民文学出版社出版，印刷了几十次，发行五百多万册，在文学作品中独领风骚，陈忠实也因此而名声大振。1994年，《深圳晚报》创刊，我也从陕西调到《深圳晚报》总编室工作。报社让我们向全国各地的著名作家约稿，我给忠实写了封信，请他为《深圳晚报》写稿，并寄去了我们的报纸，报上有我写他的文章《忠实于艺术和人生——陈忠实印象》。不久，就收到了他7月10日的回信，他说："我这段时间很忙乱，多是些不上串的杂事，有些致力要办的大事尚未办妥，所以不能躲开，便应酬着跑着。散文我已不堪约稿，欠债太多，请原谅，容当缓寄。"

8月份，我写他的文章被《文艺报》转载，他很高兴，于8月14日又回我一封信，信中说："最近有一位公派莫斯科大学硕士生来信，提了几个问题，我的复信有两千字，正好可以给你的报纸，请审阅。如可用，则请注意一个问题，即要不要发表来信？如不发，那就要做一个编者按之类的说明，然后在我回答的问题前加上他提的问题。如可以发原信，按通信的体例格局处理版面就行了，不必在我复信中加那四个问题。

我仔细阅读了莫斯科大学硕士生汪健的来信，主要是对《白鹿原》这部作品的一些疑问，想写一篇关于《白鹿原》与肖洛霍夫《静静的顿河》相比较的论文。陈忠实则很耐心地解答了汪健提出的几个问题，特别提出了他的一些重要的文学观点，如对俄罗斯作家肖洛霍夫的看法，对《白鹿原》中黑娃这个典型人物的认识，对各民族作家塑造人物的相通之处，对重要作家的崇拜要尽快走出被崇拜者的阴影，走自己的路，“去开拓只能属于自己的艺术天地，去实现自己的艺术理想”。他认为，“重复别人是作家的悲哀，重复自己则是缺乏艺术创作勇气的表现，更悲哀。”这些富有哲理的真知灼见，至今仍有重要的现实意义。当时，由于种种原因，这封信未能发表。今天，在悼念陈忠实这位文学大师的时候，应该把这封重要的来信公布于世，作为我们对忠实老师最好的纪念。

我想，当年的《深圳晚报》刚创刊不久，大名鼎鼎的陈忠实就连写两封信表达了他对《深圳晚报》的支持，特别是他关于《白鹿原》的通信更是我们阅读和欣赏这部经典之作的一把金钥匙。这实在是《深圳晚报》的幸运！

文章绝唱黄土地，风骨长留白鹿原。陈忠实是中国作家的骄傲，是黄土地最忠实的儿子，永远是我们做人的楷模。忠实：一路走好，秦岭不倒，渭水长流！

附：陈忠实给汪健的回信

汪健：

您好，7月13日信诵悉，请释念，并致以遥远的问候。

您我素不相识并不重要。您“几乎读过”我的“每一部作品”尤其令我感动。这主要是出于我对创作这项劳动的理解，即：对于作家来说，他是用作品和这个世界对话的，作品其实就是他的从生活体验进而到生命体验的一种展示，而展示的最初的和终极的目的都是为了与读者进行交流和沟通，能与读者完成这种沟通和交流才是作家劳动的全部意义所在。进一步说，文学沟通古人和当代人，沟通着不同肤色操不同语言的人。沟通心灵，这才是从事文学创作的人痴情矢志九死不悔的根本缘由。从这个意义上说，您我早已是知心朋友了。谢谢您对《白鹿原》的理解，现在就您提出的几个问题逐条答卷。

1. 肖洛霍夫的《静静的顿河》，是我阅读的第一部外国作家的翻译作品，这是在我读完初中二年级那年暑假里读过的。从此我便不能忘记一个叫作哥萨克的民族，顿河也就成为我除黄河长江之外记忆最深的一条河流；一个16岁的乡村少年竟然感觉到了自己并不复杂的生活阅历与顿河上的哥萨克有诸多相近相似之处，自然包括风俗文化以及生活的痛苦和生活的欢乐。我的眼界也一下子从家乡门口灞河扩展到连方位也难以确定的顿河草原。我不必赘述这部史诗如何如何，只是简单地告诉您我当时的阅读直感。我对俄国和苏联文学的浓厚兴趣也是从阅读《静静的顿河》一书引发的。这部小说大约是1962年获诺贝尔文学奖的，我的阅读在获奖之先4年。之后直到现在，我没有再读第二遍，主要是我把有限的阅读时间和热情投向世界上较为陌生的新作品。

黑娃是《白鹿原》书中的几个主要人物之一，算不得第一号，而葛利高里却是《静静的顿河》中的头一号人物。我只是按这部书的总体构思来设计各色类型人物，黑娃是我所理解的白鹿原上的一种类型。他的最基本的诱因当然是我长期生活体验和生活积累的结果，直接的诱因得之于我对家乡周围三县（蓝田、长安、咸阳）地方党史文史资料的征集。

最初的构思和后来的整个写作过程中，似乎没有想到过葛利高里。书出后，国内有个别评论家提到过黑娃曲折的人生道路与葛利高里的某些相通之处，还有人把它与《百年孤独》做类比。我没有太多地去思考这种现象，主要是觉得，作家尽心竭智所要塑造的某个民族的富于典型意义的人物，可能总有某些相通之处，因为人类无论哪个种族何样肤色，其作为人的本性是相通的，对美的追求和对恶的奋争，各个民族争取合理的生存状态的斗争历程也有其本质的相通之处，形式和色彩的差异而已。

2. 我所崇拜的作家随着我创作实践的发展不断变化。初二年级对文学发生兴趣时，我顶崇拜赵树理，这一年里我从学校图书馆借阅了赵树理截至那时所出版的全部长、中、短篇小说，以为这就是世界上最可尊敬的最伟大的作家了。到当年暑假读过《静静的顿河》，肖洛霍夫又成为我崇拜的第一位外国作家。从20世纪60年代初到80年代初，我因为对《创业史》的钦佩自然产生对柳青的崇拜，这是我们陕西籍的一位当代作家，也是我崇拜时间最长的一位。我崇拜柳青，却从来也没有拜访过他，只是在两次文学集会上听过他的演说。我以为，崇敬乃至崇拜一位作家的最虔诚的行为便是研读他的作品，他的全部思考和艺术理想全部灌注在他的作品里，尤其是作为他艺术成熟象征的代表作，研究他的作品便可以获得他的艺术精髓。至于登门拜访仅仅只是一个感情联系的形式，所获绝不会超过对其作品的研究。

关于崇拜我的更深的体会，便是必须清醒地认识到，在你对某人发生崇拜的时候，同时也就要准备尽快走出被崇拜者的巨大的阴影。崇拜是一种学习，在获得了被崇拜者的精神和艺术精髓以后，融会为自己的新的艺术启示，就要尽快走出被崇拜者的阴影，摆脱被崇拜者的巨大吸盘，去走自己的路，去开拓只能属于自己的艺术天地，去实现自己的艺术理想。如果不是这样，而是长期蜷伏在被崇拜者的巨大的艺术阴影底下，你所能做的便是对被崇拜者的艺术重复，不仅对自己来说有凌于创造的神圣含义，对文学界来说只会造成艺术创造的萎缩。

3. 我创造的黑娃只有一个，以后的作品再不会有这种类型的人物了。在我看来，重复别人是作家的悲哀，重复自己则是缺乏艺术创作勇气的表现，更悲哀。按我以往的创作习惯，完成一部作品之后，便把其中的所有的内容和人物搁到一边去了，兴趣和热情随之转移，投向陌生的生活领域和新的陌生的人物。用农民的话说，我对在熟茬子地上反复耕作兴趣索然，对未曾开凿的生茬子荒地充满陌生的惊喜和热情。

4. 《白鹿原》去年已在香港和台湾两地先后出版，据那边过来的文化人说，发行销售不错，台湾另一家出版社随之又出了一本我的中篇小说集《地窖》，因为读者对《白鹿原》书的兴趣而引发起对我的其他作品的兴趣，《地窖》据说发行也不错，还有一本短篇小说集正在排印中。香港和台湾是中国的两个地区，同种同文，但确实是两个特殊的地区。

《白鹿原》书已有韩国和日本两家出版公司分别于去年末和今年春签约，目前正在翻译和排印中，预计今年下半年和明年初在韩国和日本出版发行。美国一家著作权代理公司正在洽谈用英语在美国出版的事宜，有的条例正在洽商。

专此复述，祝您进步，愉快。

握手。

陈忠实

1994.8.14

【祁念曾，笔名祁星，河南洛阳人，毕业于北京大学中文系。曾任《红旗》杂志社记者，《惠州晚报》总编辑，深圳商报社新闻研究室主任、高级编辑。近年来，出版诗集《人生之恋》《春天的歌》《站立的河流》，散文集《红烛之歌》《艺术家的脚步》，长篇报告文学《千秋业》，论文集《新时期文学》《新闻探索与实践》等。作品曾多次获奖，并入选《中国新诗选》《朗诵诗选》《新时期诗歌选萃》《名家欣赏》和全国统编的语文课本。】

陈忠实：文学依然神圣

文/祁念曾

源远流长的黄河文化，长安古都辉煌的历史功绩，在中华民族的历史上留下了厚重而光彩的一页。陈忠实正是在这种黄钟大吕的文化氛围中长大，追求神圣，追求辉煌，追求凝重便成了他在文学道路上孜孜以求的目标。《白鹿原》这部五十万字的鸿篇巨著以其独特的文化风貌出现在中国文坛上，成为新时期文学的扛鼎之作。今年新春伊始，陈忠实踏上了深圳这块改革开放的热土，在西丽湖创作之家住了一周，和深圳的文化艺术界人士进行了广泛的交流。他给深圳作家协会写了六个赫然醒目的大字："文学依然神圣"。

黄土地孕育的陕西作家群

陕西，这块古老而充满活力的土地，曾为新中国培育了一批最优秀的作家。早在20世纪五六十年代，柳青的《创业史》，杜鹏程的《保卫延安》，王汶石的《风雪之夜》，魏钢焰的《红桃是怎么开的》，李若冰的《柴达木手记》等都在新中国文学史上留下重要的位置。进入新时期以来，青年作家路遥、贾平凹在全国再领风骚，路遥的《人生》《平凡的世界》成为反映青年生活里程碑式的作品，而贾平凹的《腊月·正月》《鸡窝洼人家》《浮躁》描写改革开放中农民的心理变革则独树一帜，取得了显著的成就。接着，陈忠实、京夫、高建群、邹志安、程海、莫伸、杨争光、叶广芩、赵熙等中青年作家，则以他们厚实的生活基础，凝重的艺术功力，独特的个人风格在陕西文坛上群雄崛起，呈现出百花争艳、万紫千红的繁盛景象。这些作家大都生活在陕北、陕南和关中地区的农村，多数是教师和基层干部，有的则是地地道道的农民。他们对农村生活有刻骨铭心的体验，又痴情于文学创作，他们很少“下海”经商，80年代开始成熟，掀起了长篇小说创作的热潮。1992年，陕西作家的五部长篇小说先后在北京的五家出版社出版，即陈忠实的《白鹿原》，贾平凹的《废都》，京夫的《八里情仇》，高建群的《最后一个匈奴》和程海的《热爱命运》，在全国沸沸扬扬，红极一时，影响巨大，被新闻界称为“陕军东征”，形成新时期文学的再度辉煌局面。

关于“陕军东征”，陈忠实自有他的看法，他认为“征”字用得不好：“我们征讨谁啊！又不是秦始皇开疆拓土，横扫六合！这不符合陕西作家的心态。我希望今后再不要提‘陕军东征’，还是叫‘陕西作家群’好！”

文学创作是生命的体验

谈起他的创作道路，陈忠实感慨良多。他1942年出生于西安市灞桥区西蒋村一户农民家庭，自幼家境贫困，初中一年就曾被迫辍学，后来在一位乡党委书记的帮助下才又重返校园。他从小就对文学有浓厚的兴趣，上初中时开始模仿赵树理写农村题材的小说。他写第一篇作品是1965年，距今五十多年了。高中毕业后，他长期在农村工作，当过小学教师、公社干部、文化馆长，直到文化局副局长，农民的喜怒哀乐、苦辣酸甜他都深有体验。他认为，作家的体验有两个层次，一个是生活体验，一个是生命体验。大量的作家是停留在生活体验的层次上，能进入生命体验的是少数人。粉碎“四人帮”以后，刘心武的《班主任》发表了。他当时正在一个公社搞水利会战，读了《班主任》后激动不已，他感到一个文学的新时代就要来到了，主动提出调到区文化馆。他着重读了莫泊桑、契诃夫和鲁迅的短篇小说，大师们冷峻深刻的社会透视力和简洁优美的文笔都使他获益匪浅。他1979年动笔，一口气写了十个短篇，其中《责任》荣获全国优秀短篇小说奖。1982年开始写中篇小说，先后发表了九部中篇。1986年写的《蓝袍先生》，勾起了他对整个民族命运的思考，产生了写长篇小说《白鹿原》的念头。他的家乡西安东部就有个白鹿原，经历了近百年腥风血雨的沧桑变化。他常常从坡下爬到坡上，听任寒风细雨的吹打，感受大地那苍茫寥廓的气氛。他重视体验这里的生活环境，更关注这里的历史变迁。1987年他用半年多的时间，仔细查阅了蓝田县志和长安县志，这两个县是关中平原的核心，有惊人的相似之处。在《贞妇烈女卷》上，有不少妇女用青春和生命的代价在县志上仅留下了三行文字，使他的心灵受到强烈震撼。这时，田小娥这个“荡妇淫娃”的形象就在他的脑海里诞生了，使他理解了封建主义深重的罪恶。从1988年到1992年，整整四年时间，他把全部心血都倾注在《白鹿原》这部小说中。开始写书时，他已经46岁了，他说：“我写了二十多年，还没有一部让人满意的作品，如果到50岁还写不出一部死后可以做枕头的书，这辈子就白活了！”他用了一年多时间走村串户，寻访历史陈迹，记下了三十多万字的采访笔记。写《白鹿原》时，他住在家乡的小村子里，每天从早上写到下午四五点钟，用八个月时间写完了五十多万字的初稿。夜里，没有电视，也不想看书，就一个人跑到白鹿原的山坡上，静静地点燃一支烟，望着灯火明灭的关中大地。这块热土上半个世纪的历史兴衰，人生命运的荣辱沉浮又一幕幕在他脑海中闪现。他躲开了文坛上的是是非非，一心一意去营造文学的神圣殿堂。尽管外界经商浪潮红尘滚滚，他毫不动心，他说：“我不能搞文学之外的事，不能让非文学因素造成对文学的伤害。”他像一个虔诚的殉道者，把毕生精力献给了他心中神圣的文学事业。

作家要用作品和世界对话

《白鹿原》1992年在北京《当代》上以卷首的显要位置发表，后又由人民文学出版社出单行本，先后印刷十余次，发行数百万册，在文学作品中独领风骚，繁体版也在香港、台湾地区出版，陈忠实因此而名声大振。1994年，《白鹿原》荣获“人民文学奖”，后来又荣获“茅盾文学奖”，并先后被译为日文、韩文、越南文、法文出版，被称为“史诗式的作品”。

在好评如潮的同时，《白鹿原》也引起一些争议。谈到这里，陈忠实显得有些激动。他说：“有人说我的书写得太沉重，太不潇洒了。其实他们哪里了解我内心的痛苦？我们民族经历了一百多年的苦难，有些人在苦难面前浑浑噩噩，苟且偷生；而有的人却能挺身而出，为民请命。林则徐不是这样吗？邓世昌不是这样吗？吉鸿昌不也是这样吗？没有这些人，我们的民族早就完了。这些人是我们民族的脊梁，我是含着热泪来写他们的。当年，小小的日本就占领我们大半个中国，屠杀我们多少同胞，烧毁了我们多少房屋，掠夺了我们多少财富！《白鹿原》就是写我们民族解放前五十年的苦难。我的笔怎么能不沉重？又怎么能够潇洒起来？”

一谈到当前文坛的状况，陈忠实说：“现在有人提倡作品要写得‘超脱’，‘空灵’，我看是在说梦话。我们这个民族正在经历痛苦的变革，每前进一步都要付出巨大的代价。看看改革开放这三十多年，哪一天是空灵的？从土地承包开始就争论不断，青年人穿个喇叭裤、留个长头发都争论不休，有什么‘空灵’可言？文学如果不关心民众的疾苦、时代的重负、历史的阵痛，那还叫什么文学？任何作家，都是用作品和世界对话。托尔斯泰、巴尔扎克、马尔克斯、鲁迅，这些大师都是以对世界的深刻认识和解剖称誉文坛的。如果把文学当作赚钱的工具，那写出来的只能是一堆垃圾。那种没有骨气的文人，我看到他们挣了点钱就得意扬扬的样子，真为他们感到悲哀和羞耻。”

当他谈到今后的创作打算时，他皱着眉头说：“自从当了中国作协副主席后，工作非常忙，每天很多人追着我看稿，还有数不清的行政事务。今年我要重新回归文学，我这次南下深圳就是第一个行动。《白鹿原》写了20世纪五十年的苦难。我还要继续写下去，我坚守自己的阵地，我相信，我决不会是文学园地的最后一个守望者。”

深圳的文学大有希望

陈忠实是第一次来深圳，通过几天的参观采访，他对深圳有了自己独到的认识。他说：“有人说‘深圳是文化沙漠’，‘深圳历史太短，只适宜经商不适宜搞文化’。这种看法太片面。美国建国的时间也很短，但却产生了不少伟大作家。欧美的娱乐活动比这里不知丰富多少倍，在文学上照样出好作品。深圳短短三十五年，从一个边陲小镇变成了一个现代化的大都市，这在世界上都是奇迹。这里汇集了全国许多精英人才，思想最活跃的人都来了，其中肯定会有智者能写出深圳的史诗。一个没有文学的民族是个可悲的民族，一个没有文学的城市是个残疾的城市。任何事物都有个发展过程，这个城市还是青春焕发的少年，未来的前景十分远大。我希望深圳的作家要甘于寂寞，不能有太多的欲望，不要眼红人家成了‘大款’。要有一种沉静的心态，以沉静热烈的态度去关注国家和民族的命运，去关注世界大事。像深圳这样的城市，每走一步都会影响整个中国。作家不能把自己关在象牙塔里搞文学，要和现实保持密切的联系。只要形成一支坚强的作家队伍，高瞻远瞩，发奋创作，深圳是大有希望的。我们期望着深圳文学的辉煌！”

与陈忠实最后吃泡馍

文/方英文

昨天上午九点左右，天津一家媒体来电采访，才得知陈忠实走了。紧接着本地记者轮番来电问感受。我一概回答：无话可说，说了他也听不见。噩耗来得太突然，一下子蒙得失了语。

陈忠实一直患病住院。他不会发短信，只会看短信、回电话。4月21日上午，我发短信给他："陈老师好！很想念您，却不知道方便不方便拜望。方便的话，随时召唤。方英文。"因为他不会储存姓名号码，电话响了没法辨认谁来的。所以我每次发短信给他时，总要落款名字。若在过去，他一见我的短信总是及时回电。可是这回一直没动静。我想事情不妙，便将平时的静音设置调回正常，以免错过他的回电。夜里十点半电话才响起，显示陈忠实，一接听却是他女儿的声音："方老师，我父亲病重，暂时不能见人。他要我转告你，谢谢你的关心。"这是我与陈公最后的交往，间接的交往。

想起最后一聚。陈公病后，朋友们总想去看望他，却又怕给他添负担与劳累。且人有尊严与护美本能，不愿让自己的病容带给朋友们难过。所以我们几个好友，便不定期给他发短信请安。去年10月10日清早，他让人打来电话，说晚上请几个朋友吃泡馍。一听很高兴，因为只有健康的人，甚至壮汉，才能吃泡馍啊！陈老师还在电话里强调道，谁要抢着买单，谁就别来！老汉一生大方，厚道，不要逗出他的倔劲来。

地点在西安古城东门外的老孙家泡馍馆，楼上包间。我一进去，发现已到两三人。陈公碗里的一个馍，早已掰得细碎，非常行家。说明他做东，他便最早到场。“方老师，怪事啊，我前阵子啥都不想吃，却忽然想吃泡馍了！”他那驰名天下的皱纹脸上，显出孩童般的笑意，“真能吃？我试火了一回，能吃！所以今天请大家来，同吃。”

陈公不大幽默，却欣赏幽默。每次见面，总要与“方老师”说笑话的。语言是有调值与色彩的，一个人与另一个人的说话频道，算是“说话专线”吧，不会与第三人发生。他与我说话的调值与色彩，含着逗乐的成分。大家陆续来了，我记得是这么几位：邢小利、仵埂、朱鸿、刘炜评、王西建。两位女士是张艳茜、严琳。我坐陈老右边，仵埂坐左边。见两位女士进来，我站起来说：“以陈老师对于文学事业的卓越贡献，吃饭时理应左芙蓉、右芙蓉啊。”他一把将我拽摁归座：“你甭动！”

他早就不喝酒了。病后因为化疗，更不能喝酒。但他自带了白酒红酒，吃力地、像贤惠女人般劝大家喝好，眼神满含着柔和慈弱。行文至此，我得擦眼泪。大家事先沟通过了，饭桌上别说病，尽量一如往常地说闲话。

他只掰了一个馍，煮出来也就半碗。我假装满不在乎，实际上细心观察他如何吃，又能否吃完。谢天谢地，他吃完了！

他依旧抽烟，黑卷烟，不过是细的。大家劝他别抽了，我说放开抽，没事，抽了就舒服，舒服了就健康。他大加欣慰，笑意盈颊。散席时，我要帮他拎包，他不让。那黑包依然鼓鼓的，皱痕裂斑，为但凡见过他的人所熟悉。楼下告别时，他的车停在马路对面。他和大家一一握手道别。我要扶他过马路，他推掉我的手，说不用。那一瞬间我想了，啊，这是英雄气质。英雄是不需要帮助的。英雄羞于被扶助。英雄的天职唯有付出二字。我一直目送他的背影，那体重业已不足九十斤的英雄的背影。他那摇晃倾斜的背影，走向等候他的小车。灯火阑珊，斑影如筛。

六年前，我在写他的那篇《多好的老汉》一文里，记录了他说过的原话："我用序言怀念他们，他们活着，看了，多好！他们死了我再写文章，只让家属子女看，跟死者，你说说看，有什么关系？"我微信里也宣布：在他离世后也就不写他了。可是编辑死缠活追，非逼我写。遂有此文。

【方英文，1958年生，陕西镇安人，陕西省作家协会副主席。1983年毕业于西北大学中文系。《陕西日报》编审，中国作家协会会员。发表各类作品400余万字。平民思想、人道情怀。风格博雅温情，幽默俊逸；语言简朴奇崛，文脉摇曳多姿，拥有众多读者。著有《方英文小说精选》《方英文散文精选》《种瓜得豆》《燕雀云泥》，以及长篇小说《落红》（即台湾版《冬离骚》）、《后花园》（即作者的第二部长篇小说）等。】

清夜闲谈

文/邢小利

2002年1月22日下午，应泾阳吉元集团总裁陈元杰之邀，陈忠实去泾阳参观那里的吉元工业区，我也应邀同去。晚上住吉元大酒店，洗完澡，我到陈忠实房间，和他说闲话。陈忠实说他晚上一般到凌晨一点睡觉。此时十点过一点，时间还早，我们就海阔天空地聊了起来。

说了一会闲话，我忽然想起有天晚上，朱鸿到我家邀我和他一起去萧云儒家，萧云儒闲聊中说陈忠实当了副主席后，一个非常明显的变化，应当是字值钱了，最少翻一番。我就问陈忠实，你现在的字一幅多少钱。陈忠实说，他从北京还没有回来，就有人打电话向他要字，回来后，有一个经营字画的人找到他，说要垄断销售他的字，给他的价格是一千元一幅，但是要求他不能再给别人写。陈忠实说，咱的心理是薄利多销，一千元一幅，恐怕要的人不会多，就让那个人先试着搞，不行了再说。又说，四尺整张、不写要字人姓名的，给买字者是一幅一千元；但由于常有朋友索要，就不能要钱，他给卖字者说，有朋友要，他得给，但都写上索字者的姓名。我给他建议，再过上三两年，出一本字配照片再配一些简短文字的书，图文并茂，喜欢的人可能不少，同时也能增加他的字价。同时建议，他应该多写一些自己创作的诗词和感悟性话语，因为他首先是一个作家，写唐诗宋词这一类前人的或者别人的诗词名句，只有书法欣赏的价值，而写自己的话语，既有书法价值，也有一个作家研究的资料价值，附加值更高。我说，你现在不仅仅是你个人了，你要重视给自己留下一些可资后人研究的资料。说到这里，陈忠实看着我，却没有说话。我继续说，胡适很年轻的时候，二十六岁回国到北京大学当教授的时候吧，就已经意识到他将会是一个历史人物，就很注意自己的形象，注意给后人留一些历史资料，重视日记、手稿的保存，包括往来书信，他都很注意保存。听到这里，陈忠实问我，胡适是不是给别人写信还留底。我说，是有些信，比如一些重要的信件会留底，另外收信人也很珍视这些信件。我还建议说，你可以根据不同的文字内容，即不同的思想感情，用不同的笔墨表达；书法最主要的东西是表现个性，表现特定的思想内容，它不仅仅是一种形式美。陈忠实深以为然，说，他看鲁迅的字，茅盾的字，老舍的字，确实各有各的个性，作家的字最能显现自己的性情。

后来又聊到官的问题。陈忠实和我在同一单位，我们都回避谈单位的人和事。我当时刚分了新房，也成了新家，陈忠实对我说，你这个人心性淡泊，现在房子和家庭问题都解决了，安顿下来以后，要多写东西，搞评论，应该关注并参与全国性的文学话题讨论，研究一些全国性的文学问题，普遍性的文学问题，发出自己的声音，这样才能造成更大的影响。我说，我对当官和弄钱都没有什么兴趣，是准备好好静下心来写东西的。陈忠实说："四十岁后，日子过得很快。你现在的年龄（我当时四十四岁，邢注），是我八六年（1986年）的年龄，现在感觉就像是昨天的事。回想五六十年代，是感觉有些遥远，但四十岁时的事，确实就像昨天。人到了五十岁以后，时间更显得快。"他说："我小时候，看那五十岁的人，就是个老汉。"我插话，杜牧有诗说"四十已云老"。陈忠实继续说，"那时在乡下，就有这样一个老汉对我说，人老了，就像日头下山一样快啊。那时不理解这话，现在理解、体会得很深。早上八九点钟的太阳，你甚至不觉得它的移动，日头在头顶的时候，你也不觉得它的变化，到了下午五六点的时候，你就会觉得太阳下得很快，很快就落下去了。特别是太阳压山的时候，"陈忠实睁大眼睛看着我，边说边在茶几上比画，"太阳压到山上的时候，你先看还是一轮，很快就变成了半个，紧接着，几乎是一眨眼的工夫，就下去了。这时候，你会感觉到黑夜突然降临了。"接下来，他强调说，"人生要抓紧。"他说："那个时候，我在四十多岁时，突然感到了强烈的生命压力，而这时正好有了一个好的题材，那时对历史的认识也有了一个新的高度，我不敢懈怠，就写了那部作品（指《白鹿原》，邢注）。"

说到官，陈忠实显然颇有感触。他提到了一位刚下台不久的某地领导，说："这个人现在很难受啊，我跟他年龄差不多大，我现在很庆幸我选择了写作这条路。此人在台上的时候，前呼后拥，现在忽然冷清下来了，你想他心理上会是个什么感受？先不说弄了多少钱，钱可能不缺了，光是手上那些事，那些他亲自干的事，这个建设那个建设，现在忽然让他撒手不管了，心理上那个窝囊呀，确实难受得很。听说此人有一次在大雁塔旁边那个日本人修建的唐华宾馆吃饭，一时激动难耐，当众说了好些不该说的话。"停了一下，陈忠实继续说，"我是省委候补委员，几年来见的事，也让我感慨不已。光是开会主席台上的你上我下，就让人很有看的。先是这个人当书记，在主席台上慷慨激昂地大讲'开发'、'振兴'，忽然间，那个人来了，坐在台子上讲话，唾沫星子乱溅，这个人苦着脸坐在台下听，忍受着那个老汉那陕西腔夹杂着醋熘普通话的折磨。接下来，那个老汉还没坐满一届，第三个人又来了，老汉又坐在了台下，老老实实瞪大着眼睛，听一个比他年轻得多的人坐在台上又讲话，那个失落，那个难受，比啥都难受。"

我说，这就是《红楼梦》中说的，"乱哄哄你方唱罢我登场"，最后还不是"落得一片白茫茫大地真干净"。

这一晚，我们聊了很久才休息。

我回到房间，躺在床上半天睡不着。我想起了有一天晚上，一位文艺界前辈讲的一些话。这位前辈向来谨慎，但由于是朋友间私下闲聊，就也说了一些看起来是大胆的话。虽然都是大实话，但一说出来，还是令人吃惊，引人深思，让人明白一些道理。前辈说："年轻人不理解作协、文联的性质。文联、作协是什么？就是党和群众之间的桥梁，而不是群众向党提要求的组织。由于不理解，动不动就问文联、作协，你为什么不干这个，为什么不干那个？为什么不这样干，而要那样干？这是不知道文联和作协是干什么的。像对另类作家的评论，你小利可以随便说，我作为一个领导，就不能按自己的心意说。不然的话，纪检组就会问我：你为什么要对另类作家那样说呀？"前辈讲，"另外还有一个人情问题。像我们这一代就不能批评胡采他们，为什么？他们是老师辈呀。中国人还是讲究师生情谊的。要到你们这一代，才可以批评胡采这一辈。历史问题要留到孙子一辈去评说，孙子辈因为隔代，可以按自己的看法去讲。因此，历史的评价往往要留给后人。"我自己虽然也在作协工作了多年，但是听了这些话，还是有拨云见天的感觉。

我又想起陈忠实的人生态度。这一晚，陈忠实聊了很多。他说他从来不言淡泊，就是有功利心。看来是实话实说。但对有些事我还是感到不解，心想他到了今天这个地位上，不说功成身退，急流勇退，归隐田园山林，此乃张良一类崇尚"从赤松子游耳"的人心向往之并可以做到的——陈忠实不是这一类人，他一是崇尚建功立业，二来意识深处没有隐逸思想，平时也不好佛道，没有受过"出世""无为"思想的熏染，但他似乎也可以深居简出，放下好多既无聊又无意义的事不管，落个清闲自在，可是他为什么还要抛头露面，弄得身疲心累，好像显得不甘寂寞呢？这几日偶然想到这个问题，此刻忽然一下子明白了。陈忠实和他们那一辈人，那一代作家，包括贾平凹、路遥、邹志安、京夫等，出身贫寒的农家，从小受苦受难，一直在人生之路上奋斗挣扎，在文学之路上走得也不容易，用邹志安的话说是一直在“左冲右突”，期盼着的，就是有朝一日能浮出水面，放出光彩，今天好不容易有了这个机会，有了今天的地位，怎么会轻言淡泊，又怎么会自我引退且甘于寂寞呢？一直没有的人怎么会轻言放弃呢？对这些问题，如果仔细检视一下他们的出身、经历以及文化背景，是不难找到答案的。

到了第二天，陈元杰请了天人书画院的一批文人书画家来，给县上领导写字。书画家们在一个大厅里写，请陈忠实在一个房间写。陈忠实只写半张纸，即将四尺整纸裁开，或条幅，或斗方，只写四五字。陪同的陆德让给吉元宾馆题字，陈忠实踌躇着说，写什么呢，写个“宾至如归”没有新意，有一句话“睡觉睡到自然醒”，又觉得不那么合适。陆德是个机灵的姑娘，连说这个内容好。陈忠实就写了，说，这个怕不能挂在宾馆大厅，适合挂在房间里。按主人的要求写完后，陈忠实见我在旁边看热闹，说给你也写一幅。关于内容琢磨了好一会儿，却没有下笔，看来他很认真，不知写什么好，问我，我说那就写“坐看云起”四字吧。此四字乃我第一本书的书名，也是我非常向往的境界。

陈忠实把这四个字写在一张四尺对开纸上，写毕，自己评价说，“起”字最好，“看”字第二，“云”字第三，“坐”字笔墨未到位。陈忠实的人生态度是积极入世，对我这种“坐看云起”的心态似乎不想鼓励，写完后又特意加了“小利雅兴”四个小字，表明此语不是他的意思，而是我的意思。

【邢小利，笔名蓝溪、小雨。陕西长安人。曾任中学语文教师，《长安》文学月刊理论编辑。1988年调入陕西省作协，历任《小说评论》杂志编辑、编委、编辑部主任、副主编，编审。中国小说学会理事，陕西省文艺评论家协会副秘书长。著有文学评论集《坐看云起》《邢小利文艺评论集——长安夜雨》，散文随笔集《独对风景》《回家的路有多远》《种豆南山》等。《坐看云起》获陕西文联首届青年文艺创作优秀作品奖，《独对风景》《回家的路有多远》获陕西双五文学奖，评论文章《时代的暴风雨来了——读叶广芩的长篇小说〈采桑子〉》获陕西文联首届文艺评论奖最佳评论奖。1999年获陕西省优秀文学编辑奖。】

陈忠实先生

文/朱　鸿

陈忠实先生有宝石一般的品质，群贤相集，众士相会，一旦论及先生，凡男女老少，总是交口称颂，完全由衷。

我从未看到谁指责过陈忠实，或表达过其菲薄的。先生也非圣者，脾气发作，难免怒形于色，不过他瑾瑜匿瑕，深具内在的温润。

1986年春夏之交，他到出版社向李佩芝交稿，是关于泰国的一组散文。我初见先生，他头发略分，朗朗笑着，露出了一个灞河汉子的白牙。不胖，然而脸上还是有肉的。一部厚重的可以立身安命的小说完成以后，先生脸上就只剩下皱纹满布的皮了。2016年3月23日下午3点56分我和他通电话，觉得先生的声音十分柔瓤，不禁临窗辛酸。岁月不饶人，也不饶先生啊！

我和他没有机会共谋其事，同理其事，往来并非最多，不过淡然处之，也许还能导向最亲，因为心贴就是最亲了。2014年以来，先生约我吃饭数次，除了司机，就是我和他。总以为先生有什么事，然而直到放箸付款，离开餐桌，他也只是问了问我的情况，不言其他。他常常会沉浸在自己的思想之中，沉默着，无意之中惆怅一声，终于无语。先生有他的特点，从不贬人，从不骂人，此贵于吾辈矣。我和他吃饭，每每是先生掏钱。我望着他提取了口袋里的一叠人民币，步出包间，过一会儿，又望着他步入包间，坐下来吸几口雪茄，说："走。"我怎么不懂由我结账才是礼呢！然而经验告诉我，我掏钱他真会急的。从命吧，这也是尊敬。

先生一直善待我，我是有感动的。求字送客，我懂尊重其劳动，然而尚未探价，他便说："你来，你来，来就行了。"敲门入室，略作招呼，先生遂递我一个书袋说："这是一幅，你送客。"又递我一个书袋说："这一幅，也给你，你不嫌就留下。"淡然笑着，使我如享熏风。刘茵编辑我的散文，需要一篇评论配发，我开口请先生之作，他说："好！你什么时候要？"在约定之日，我登堂取其文章。他先给了我一份复印件，后又持一份自己的钢笔件说："这也给你吧！"出乎意料的惊喜，仿佛天窗悠启，阳光旋照，一片明亮。先生鼓励我参加鲁迅文学奖评选，遗憾铁幕难破，我遂一聋二毛，扬声告别了。先生说："情况我也知道一点。既然这样，不参加也罢。"此乃理解，也是安慰，若空谷幽兰，旷野素菊，足矣！我有感动，先生一直善待我。

我不能想起自己为陈忠实先生做过什么。只记得拂逆他，一而再，再而三，可恶至极。

1996年，我编辑了他的文集五部，行世在即，打算举办一个新闻发布会。出版社不愿意有花销，就把负担转嫁给先生了。幸而一家企业慷慨资助，问题得以解决。企业欲通过新闻发布会腾声三秦，这也很是正常，遂提出由其老板主持。先生约我见面，茶饮之间，悦然相告企业支持之事。获悉新闻发布会要由企业老板主持，我劈头盖脸地说："这不行！版权是出版社的，必须由出版社领导主持。"先生一愣，又说："我已经答应了。"我说："陈老师，答应了也不行啊！可以给老板增加一些节目，主持必须交出版社领导主持。"先生骤然发火，冲动宣示新闻发布会作罢。不料形势如此，我遂婉转校正。经过反复协商，新闻发布会归出版社领导主持，然而程序多有空间，以让企业老板亮相，事遂顺利且圆满。先生轻松愉快，竟向领导夸我厉害，可以重用。实际上我根本不满意领导，也不为出版社争什么。我只是遵循一个道理和规矩，而且坚持这一点。

还有一次，我邀三五朋友小聚，先生说："某某几次要见我，干脆喊他也来，就算见了。"窃以为某某不纯，便没有允诺，也没有通知。那天晤飨，先生注意到某某不在，就问我："某某没有来？"我恬然且怡然地看着他，没有正面回答。先生略有色作，说："不就是加一双筷子的事嘛！"我蔼然不语，恭候他之平静。俄顷启宴举杯，先生遂开颜而乐。半年以后，某某便以其莽撞之举彻底得罪了先生。相信先生明白，我也没有再解释什么。

还有一次，我做得非常糟糕。时在2008年，春节期间，先生做东请客，十余人也咸为朋友。我和庞进有“龙之辩”，影响广泛，以至席间诸君仍发所议。庞进并不在场，不过先生似乎倾向庞进，是扬龙的，并以“二月二，龙抬头”这样的民俗论证。我的观点是：龙的文化属性十分复杂，然而其要害在于，龙是皇权的象征。基于此，龙极易为专制思想所利用，所以选其角度抑龙，贬龙，责龙，应该是一个知识分子的觉悟和承担。可惜出于对先生的敬重，我既不能径言，也不能大言，遂他一句，我一句，一句杠一句，气氛渐渐凝固，终于紧张到诸君无不噤声。先生也搁下筷子，背靠椅圈，仰起头吸烟。菜一盘一盘地上来了，我转至先生面前，说：“陈老师，搛菜！”先生悠着气息说：“你先用，我抽几口烟！”不知道怎么缓和为安的，总之，尚未炸裂，以礼而散。我的沮丧涨满了全身所有的细胞，是方英文陪我从小寨走到了明德门。三公里，且“顾左右而言他”，不能提龙。

我的认真，我的偏执的认真，不含糊的认真，不得体的认真，不领情的认真，不蹈孔门的认真，不会圆融的认真，一而再，再而三，顶撞着先生，一个兄长，一个前辈，一个文学事业辉煌的人，一个社会声望甚盛的人，一个道德律极高的人，一个尊严感颇强的人，一个性格坚硬的人，一个谨防冒犯的人。然而先生一次两次三次地理解了我，宽容了我，原谅了我。他对我没有丝毫的疏远，没有任何的讨厌，没有微茫的旁敲和侧击，反之，他待我越来越好，越来越信任，甚至越来越喜欢。这个春天，为什么我总是伤感？为什么我常常落泪？我想看一次先生，然而不便，不成！

记得2007年，文学院有意成立一个写作中心，委托我邀先生做主任，他欣然响应，然而拒绝报酬。我再见他，告知文学院领导的意思：主任怎么能白做呢！所以不确认报酬是多少并接受所付报酬，写作中心成立的程序便不能向前走了。先生转过脸，睁大眼睛，目光直视，声情并茂地说：“你看，我有工资，有版税，字也有一点润格，还在别的大学做一些事，这就够了。担任写作中心主任，我能做什么就会做什么，只是我不能再拿报酬了。我很清楚人与社会之间的利益关系：要合适，不能过。我不能过！”我知道了先生的所想。此肺腑之言，给了我难得的启示，文学院领导也啧啧赞之。

先生是一个久经儒家文化浸润和陶冶的人，其动心凝虑，举手投足，皆有仁义礼智信的约束。孔子在20世纪一败再败，儒家文化也持续衰落，至21世纪，究竟几人还以君子的标准要求自己呢？

秦岭嶂峦，东西横贯。天街犹在，南北纵穿。一日照空，万木尽繁。先生之正，馨必飘远。

（朱按：此文写于2016年4月15日，本想让陈忠实先生活着看到此文，不料他突然就走了。虽然它变成了悼念的第一文，不过我还是愿意陈老师能在生前看到它。若如此，那多好啊！）

【朱鸿，男，汉族，1960年农历九月十九日出生，陕西长安人。著名作家。陕西省作家协会副主席，陕西省写作学会副会长。首届冰心散文奖和第二届老舍散文奖获得者。民进成员。现执教于陕西师范大学文学院，硕士生导师。】

生命的深情

——悼念我心中的陈忠实

文/仵　埂

陈忠实去世了。

2016年4月29日上午，这个消息，风一样传开来，妻子九点打来电话问：是真的吗？迅即，许多朋友电话也来了，相互询问、叹息、伤怀。我得到消息时，距离陈忠实离世，仅一个小时。整个西安，全陕西，乃至全国，都在说：陈忠实去世了。

这么多人打问，这么多人叹息，这么多人流泪。为这样一个人，一个大家熟悉的、仿佛亲人一般的人：慈祥、宽厚、善良、充满爱意。是的，他将这一切都给与了身边熟悉或不大熟悉的人，他成了大家的陈忠实，我们的陈忠实，而不仅仅是一个妻子的丈夫或孩子的父亲。几天来，一直想写出心中的感怀，但心绪烦乱激荡，写不出。忧伤沉沉地压在心上，慢慢在发酵。六天过去了，我计算着日子，一日又一日，觉得太快，又觉得太慢。

人们这么敬爱自己的作家，这么敬爱这个写出《白鹿原》的人。西安人为之骄傲，陈忠实是我们西安人；陕西人为之骄傲，陈忠实是我们陕西人；中国人为之骄傲！陈忠实是中国的。他当之无愧，代表了中国当代文学的高峰！

不，不仅仅是作品。写出作品的这个人，其德行人格，亦是一座高峰。

在世的时候，我们每每与陈忠实在一起，小利、英文、朱鸿、炜评诸子，个个才情勃发，口若悬河，陈忠实多数时候，微微含笑，静坐凝听，不多言语。私下里我们说，陈老师不仅写出了白嘉轩，他身上也秉有了白嘉轩之气，往往让人肃然而生敬意。1993年，《白鹿原》出版，获得巨大成功。万千目光聚焦在他身上，广播电视、报纸杂志，铺天盖地，我们与他走在一起，总有陌生人指陈而窃语：这就是陈忠实。记得《华商报》曾采访我关于陈忠实的话题，我说，他已经从一个文学作家而成为一个公众人物。一个人到这个份上，多么容易自大高傲，目空一切。这样的人，生活中真不少见，但是陈忠实反而更为谦和更为低调了。

他认真地做每一件事，哪怕这件事极细小。给年轻作家写序，扶助底层作家，参加作品研讨会等等。这些，他不辞辛苦，不取分文。29日晚，我们去陈忠实家拈香吊唁，他的妻子说起临别前几日的事情：不断有人拿来书要求签名，一箱一箱的，他不怠慢，一本一本地签。听到这儿，揪心的疼。我知道即使家人要拦，也拦不住。

以前，过段日子，大家总要和陈老师聚聚，陈忠实极少迟到，很多时候，他总是先坐在那儿，抽着雪茄等大家，让我们这些迟到的后学感到脸红。方英文感叹，“多好的老汉”！朴素而真情的赞叹，让人心颤动！他的人格气节，就这样，一点一滴地融进了我们的心里。

去年4月，他的病情确诊之后，不久住院，也因为口腔溃疡，说话吃饭都会疼痛，于是就很少出来了。我心里牵挂，不知病况，发短信询问致意，表达问候和牵念，说想去看他。一会他的电话就回过来了，说不用探视了，这就行了，心意知道了。我嘱他保重，祝福他早日康复。他说话明显吃力含混，令人揪心。那段时间，他谢绝所有的探视。后来，每有短信问候，我一定要在信后叮嘱一句：不用回复。

10月初，陈忠实说自己好点了，他知道大家的牵挂，说要请大家吃饭，让小利通知大家，在东门外老孙家泡馍馆。我知道，他想了却大家的牵念。我们心里高兴，兴冲冲去了。到泡馍馆，陈忠实已经在坐了。问他的身体情况，他说，好一些了，说话还是疼，想大家了，见见面。方英文智慧，总是能找到由头跟陈老师开玩笑，陈老师被逗乐了。他不能多说，只是听大家说。我们天南海北地扯，不提病的事。吃完，谁要扶他，他绝然甩开。他是自尊的，坚强的，顶着天地。他又是深情的，柔软的，细心到我们牵念的心思，不让人为他操更多的心。邢小利说，临终前，他去了，陈老师说了不少话，他只听清楚一句：病没办法。小利叙说至此，我心里非常难过和酸楚。的确，我们没有办法，没有办法将陈老师解救出病魔的掌心。

陈忠实有一本随笔集，名字叫“生命对我足够深情”。这是一句感恩上苍，感恩生活，感恩命运的厚待的表达。尽管他的一生，也是充满苦涩，但是，他感恩生活，说“生命对自己足够深情”。这是他对自我生命的理解和评价，他以此回报社会，回报所有跟他有交集或者说很少交集的人，他以此理念，感染了千百人，由这个千百扩展到了千万，千千万，大家都说，陈忠实是多么好的一个人！千千万万个声音这样说的时候，他就在民众中扎根了，人们用最为朴素的语言和方式纪念他，就像一个面馆老板，将一盘粘面端到他的灵前，祭奠他。他是我们的陈忠实，是我们敬爱的人，是我们民族的英雄、脊梁和楷模！

陈忠实《寻找自己的句子》出版后，我写过一篇评论：《世纪之变的文化探询——从陈忠实的〈白鹿原〉创作手记重解〈白鹿原〉》，开篇这样写道：“我把《白鹿原》的问世，看作一件大事！这是因为，在半个世纪以来的中国文学发展格局里，它所拥有的无法替代的里程碑式的价值和意义，它所揭示与所开创的道路，它追寻的对时代命题的回答以及对未来的指向，它所关涉的我们所无法回避的文化存在。”

谨以以上文字来纪念他，让他沁润我的心田，让他永恒地雕刻在中国的大地上！

【仵埂，原名仵晓华，陕西富平县人，硕士。现为西安音乐学院教授，基础部副主任。西北大学硕士。1994年

10月，到《各界导报》社工作（兼职），历任编辑、记者、《百姓周刊》主编。2001年9月离开报社。长期以来，致力于文艺理论研究和文学批评工作，并取得不菲的成绩。2003年12月，专著《受难与追寻》由北京长征出版社出版。2004年10月，本人主编（合作）的“21世纪高等教育系列规划教材”《中外文学名作导读》，由西北大学出版社出版。近年发表论文、评论、随笔、散记、新闻作品、报告文学等各类作品30余万字。】

西安拜见陈忠实先生

文/齐　霁

初识陈忠实的那个夜晚

陈忠实走过来了。

晚上九点多一点儿，远处有了脚步声。我看到一个身影在往里走，但看不清。估量着是他，我最崇拜的陈忠实先生。近了，我断定是他了。暗淡的夜光中，我发现他走路姿势有点内八字，脚步声很响，因为背着一个很大的包，像背着老农的粪筐似的，身子歪向一边。更近了，我反而不敢看他，再近了，我就迎了上去，伸出手，去问候他。他很平静地跟我握手，说，走吧，上楼去。转身他就问门卫，二楼门开了没有。他急急地往二楼走去，果然没有开门。陕西省作协大楼，他二楼的办公室，楼道口有一道铁栅栏门。已经年过半百的门房赶紧小跑着抢在陈老师前面去开了门……于是，我跟着陈老师进了他的办公室，203号房间。进了门，陈老师便先脱了尼龙袜子，光着脚换上拖鞋，把袜子扔在皮沙发上，坐在屁股之下，先点上雪茄，歇息一会儿。然后就张罗着用电壶烧水。他穿的是皮凉鞋，尼龙袜子，都是20世纪90年代时兴的鞋袜。进门先换拖鞋，我感觉这是一种找舒服的习惯，也是一种不拘小节，抑或是“土”？我感到他知道怎样是舒服的，是一个不想受束缚的人。在我看来，他确实像我村的二叔，或者二舅舅什么的。那张脸，那看人的眼神，你怎么也不可能认为他就是中国第一流作家里被我排名第一的大作家。我跟他半开玩笑半认真地说，金庸小说里曾说，文无第一，武无第二，但现实中，还是有的，你就是我们心中中国当代第一的作家。他干笑着，打着哈哈。我进一步夸张（因为激动）地说，我没想到这辈子还能拜见你！于是他多少有点吃惊地打着哈哈。我发现他打哈哈是认可，也是无奈。因为我想，无论是亲自来到他的办公室拜访他，还是来信说出崇拜他的话，都已经听得够多了，甚而至于听腻了，听烦了，没办法认真回答你崇拜之下说出的话语。

我们约定的是晚上九点钟来他的办公室见面，但我提前二十分钟就到了。我是从德发长出来，问了一名警察，他告诉我到马路对面去打的，一直向东走。说起打听陈忠实老师的地址来还有一个故事。这天上午，因为约稿，我给陈忠实先生打了一个电话。那时我正在汉阳陵参观，我说下午去拜访他。他说下午有一个活动，让我晚上九点到他的办公室去。我当时没想到他答应我那么痛快，一高兴，没往下问他的地址在哪里。后来才知道坏了，陈忠实再有名，也不能所有西安城的人都知道他的办公室在哪里吧？这怎么办呢？我看到《西安晚报》的记者宋洁，就问她。她脱口而出：二府庄！但又否定说不对。于是她又说她认识陈忠实的女儿，可以给我打听出来。后来我又跟着大部队去景点参观，宋洁给我手机发了一则短信，陈忠实地址：建国路83号，省作协二楼办公室。这一下我放心了。

这天晚上八点半左右，我从德发长出来，到了马路对面打的。上车之后，我对司机说，建国路83号省作协。我们的车往东走，当车拐进建国路之后，司机恍然大悟地对我说，噢，到了，不就是作家协会吗？我当时听后心里一乐。这就是一个地方的称呼习惯问题。我习惯称省作协，他似乎不太明了。后来到了省作协之后，他突然明白过来，就是他们最熟悉的作家协会。因为西安“作家协会”多了，省里有，市里有，甚至区里还有。那么，一个作家协会怎么能代表省作协呢？当然，我这些都是无聊的纠缠。是因为我已经到了省作协，马上就要见到陈忠实先生了，我高兴得要说点没用的。人一高兴就要说点废话，这也是人之常情。接下来还有一些废话，也就是我进院之后，以一个文学后辈的心态，战战兢兢地往里走。大门传达室里也没有门卫来拦我，这就更让我纳闷儿了。因为我们都习惯被人拦阻惯了，到一个生地方首先就把自己的心态变成刘姥姥模式。可这次我如入无人之境，反而更加心里不安起来。大院里光线暗淡，我不知道哪里是省作协的楼房。这时，迎面走来一个人，凭我的直觉，他就是大门的门卫。我主动上前，对他说，我要到省作协拜访陈老师，我们约好九点钟在他办公室见面。说话的时候我同时掏出了记者证递给他，可他根本不看就说一直往里走。我边往里走边想，他们怎么警惕性这么差呢？是这里的人们朴实？还是作协机关不重要？怎么就在大晚上的放一个陌生人进去，也不盘问一下？于是我往里走，但里面楼房还有两座，一个很狭窄的院子，先是一个宾馆，进了一个月亮门，里面是一个旧的六层建筑，对面的墙上有两条粗大的、包着厚厚的保温层的暖气管道。说实在的，这样的机关形象，对一个从岭南来的人来说，已经不太习惯了。如果在我的老家保定市，这样的"气派"还是很多见的。我突然有彻底到了北方的感觉。我猜想这座省作协的大楼是90年代建筑肯定没错。它没有外装修，还是红砖的楼面。这就是陕西省前后两位作协主席，陈忠实与贾平凹办公的地方。我进了楼门，门卫也是一个过中年的汉子，说明来意之后，他对我也很客气，我想这是主人的面子吧。后来发现，我来早了二十分钟。无事时我想找厕所，门卫说在院里。我去了，黑咕隆咚，连个灯都没有。我掏出手机照亮，也不行，就没敢进去，又回到了楼门口。我不耐烦待在楼道里，就站在院子里来回溜达。这时，我又生发了一个想法，害怕陈老师有事绊住不能及时回到办公室。我想给他打个电话问一下，又不好意思。我就看时间，心说，到了8点55分再给他打电话。但最终还是给他发了一个短信。短信是这样写的：陈老师，我是《深圳特区报》的记者小齐，我已在作家协会楼下等您。没想到他立刻就打回了电话。他说，你不要着急，我马上就到。他的口音当然是陕西味的，但听来却很亲切。我想这是个实在的大人物，心里就踏实了许多。

未完成的采访

我本来有个小小的计划，想在周五人少的单位上写个小东西。但上午一发现陈忠实老师去世的消息，就开始左右联系稿件，一切都乱了！

我记得有关于拜见陈老师的一个没写完的残篇还在，但家里的电脑上没有找到，这下我没底了，如果单位的电脑里再没有，那就是换电脑时丢失了。好在单位电脑里还有，没白写那一段初识的经过（即前文，后文简称“初识篇”。编者注）。我就把这残篇发到相关的微信群。还有我们河北大学1980级乙班的同学微信群，因为张建强同学在群里比较活跃，我发上去之后，他反而顾左右而言他，没有反应，怪了！我@他问之为何？原来他打不开文件，说是自己的手机配置低。我又用文字的形式贴了一遍，但还是迟迟没反应，算了，不管他了。时过境迁，他可能早已忘了吧，我想。在“初识篇”其实还有一个重要的细节没写出来，现在我还如在当天的感觉一样。那就是，我去拜访陈忠实老师的那天夜里，我去早了二十分钟。我靠在墙上，给远在深圳的老同学张建强打电话，我问他，你知道我在哪里吗？他说不知。我告诉他说，我现在在陕西省作家协会的楼下，就要拜见你我都非常崇敬的大作家陈忠实先生了。他当时很是吃惊，并让我替他向老先生问个好。我答应了，并且没忘记替他问候。我是这样说的：陈老师，我们远在深圳的两个同学都非常崇敬您，有时喝了酒就坐在马路牙子上讨论您的作品，认为，目前为止，中国当代文坛上还没有一部作品超越您的《白鹿原》。我说，我的同学张建强让我替他问候您。陈老师说谢谢。

然后我们开始进入正题，我要采访陈忠实先生。

今天说起来还有一个趣话。当时《深圳特区报》的副总编辑侯军先生和我一起乘飞机飞往西安，参加全国文化记者看西安的活动。飞机之上，万米云端，侯总对我说，这次我们应该趁机去采访一下陈忠实先生。这次来是想拜见一下陈老师，给本报约一些他的稿子。因为，据我所知，2006年在体育部的西安人马强兄弟约过陈老师给我们写世界杯的专栏，2008年还想约他写个看奥运的专栏。但没想到，两件事陈老师都拒绝了。一是不再接受采访，二是不再给报刊写专栏。因为，他正在给陕西省作家协会的一个评论刊物写关于《白鹿原》的创作回顾谈（后来集成书出版了）。当时，我感到非常的失望。我记得，在我的采访本上记下的采访内容大概不过二十几个字。当晚我一再央求他老人家接受采访，他说，不嘛！采啥访嘛，我们就闲聊嘛，来我这里的都是朋友，都是好朋友！我说，好朋友不假，但您是大作家，还有很多人是不能亲自来这里与您当面聊天的，所以，要通过采访的形式，把您的想法传达给读者。他说，我现在也没什么想法？我说，那您下一部作品有谱了吗？他说，还在炼钢！他竟然用还在炼钢来比喻自己下篇作品的腹稿。好像还谈了一些其他话题，我不太记得了，只记得他非常坚决地表示，从不看中国古典文学的书，只看苏联的文学作品或者世界文学作品。我纳闷了，为什么不看中国古典文学？他说，他从上中学时就只看外国文学作品。这到底是为什么？他说害怕串味儿，怕写作时在叙述风格上串味儿。我理解了半天，认为，可能是他习惯了西方文学的叙述方式，或者说，是习惯了中国人翻译的外国文学作品的那种叙事方式，如果他一读中国古典文学，从语言上就没办法两掺和了。那不就成了“邯郸学步”了吗？我不知道我理解得对不对。看来，大作家不仅有自己的叙事风格，还有自己的阅读底线。那么，陈先生不就缺了些什么吗？好在他是大作家，他不在乎自己缺失不缺失，他只守住自己的底线就好了。

言谈间，还谈起了他最崇敬的中国当代作家是柳青。他说，至今为止，他认为还没有谁能越过柳青。这是多么的好玩啊！我们心目中的大作家就是陈忠实了，可他心目中的大作家却是柳青。

关于柳青我读的真不多，也读过一点点（依稀记得他当过县委书记），太没有发言权了，我就信了陈老师吧。但是，这些都真的是闲聊出来的东西，距离我们的采访还差十万八千里。因为，我们想要的内容是“高大的”，是“深刻的”，更是独家的东西，也就是说，我们想要的是陈忠实老师对当下的解读，对他未来更大作品的设想，对文学真实的见地，对当下文坛的看法等诸多内容。陈老师一而再再而三地不往上说，我再怎么追问也没有用处。我也就气馁了。这时候，侯总与他新华社陕西分社的一位朋友进来了，我们又进入了多人聊天的气氛，有一搭没一搭，那就更加与我们采访计划差之甚远了。我只好作罢。但是，我却在侯总这里交代不了。他在路上说，他已经与几个记者合作过了，还没与我合作过，希望这次这个机会，会成全我们的合作。但是，我知道这次依然没办法合作，因为陈老师不给这个机会，完不成这个采访。如果写一篇印象记，显然不够分量。所以说，我那初识篇就一直放在了我的电脑里，没有问世的机会。若不是陈老师今天去世，我早已忘记了这个残篇。而今，把残篇阅罢，心里不禁阵阵酸楚，把它往微信里贴的时候，竟然还闪动了泪花。

我记得，在我离开陈老师家后的某一年的读书月期间，陈老师应邀来到了深圳，参加读书月的活动，在广电的演播大厅里，我又发现了他的身影，我急忙走过去与之握手并问候，我说我是《深圳特区报》的小齐。陈老师起身与我相握，但他是否还记得我，现在想来已未可知了。因为他此生接见的记者恐怕太多太多了。有的长篇大论，有的三言两语，有的在他的办公室，有的也许在一个什么场合上，根据媒体各自的需要，匆匆又匆匆，他见了那么多的记者，他能够都记住吗？其实这不打紧，我们记住他就好了。

话题再回到我的采访与写稿上来。从西安开完会回深圳之后，我也曾经努力地想把这个不成功的采访完成一个“巨篇”。

我在网上还找到了许多采访陈老师的大篇幅文章。有的杂志采访详尽，观点明确，内容深入，是很好的引用材料。但最终我都决定放弃了。因为，虽然是天下文章一大抄，但抄文章我还是有点不习惯。没采访成功就是没采访成功，不能拿别人的采访来充数。再说，人家的观点已经形成，我们怎么能用现成的观点呢？那真不成！后来，我真的向对我有期望的侯总认输投降了。我说，这个任务完不成了。因为，我每次打开我的采访本，看到上面采访到的几十个字就发愁。唉，现在想来，只能说是缘分不到！而今天看来，这个缘分永远也不会有了。愿陈老师一路走好！愿陈老师在天堂还会有更好的作品出现。

陈忠实先生千古！

【齐霁，笔名燕赵齐霁，齐乙霁等。现任《深圳特区报》综艺副刊部副主任，并兼任深圳作家协会小说创作委员会副主任等职。主要著作有：长篇小说《南方·嗨》《七个矮人和白雪公主》，诗集《你我同行》，短篇小说（二人合集）《对影记》，创作话剧剧本10多部，其中《郑和下西洋·建文谜案》刊发于《中国作家》（影视版）2016年第2期，《郑和下西洋·扬帆出海》刊发于《中国作家》（影视版）2016年第10期；并担任电视剧《苦渡》《蓝顶会所》编剧。】

陈忠实携一部民族秘史上路

文/黄　刚

噩耗还是来了，来得竟如此急促！

4月29日上午9点，艺术评论家金明从西安发来一行短信：“今晨7：40左右，著名作家、茅盾文学奖获得者陈忠实，因病在西京医院去世，享年七十四岁。”不久，作家高建群在微信上发出一篇《中国文坛的天空塌了一个角》的悼文，他说，陈忠实“先走为大，先走为神”。再后来，噩耗几乎将官方新媒体和自媒体刷爆！我对自己说，是的，老人家真的走了。

三月份回老家时我就打算到陈老师处坐坐，却得知老人家身体不大好，未去打扰便匆匆南返。谁承想一月不足，他——中国当代著名作家陈忠实竟忽地走了，带着一个民族的秘史《白鹿原》，在这个春暖花开的季节！

一整天，我的眼睛如蒙薄雾，但和陈老相识二十二年间的往事依旧剧烈地冲泛心头。

1994年暑假，我准备将之前发表的十八万字归拢成一个集子《灯火阑珊时》，陕西旅游出版社审完稿子，约我校对，我从中山飞回到老家。七月的西安热同蒸笼，上衣湿漉漉的我拿着书稿依约等候责编薛放兄。大约十分钟后，薛放与陈忠实一前一后进了门。在我起身的时候，薛放介绍说：“小黄，这是忠实老师。”我上前吃惊地大声道：“《白鹿原》的陈老师？”紧紧握住身材高大的陈忠实粗大的手。坐下，聊天气，聊创作，后来聊起了《白鹿原》……而我，多数时间在倾听。薛大哥向陈老师推介说我正在出一本集子，陈老师接过话淡淡地笑着、鼓励着。那时的我毕竟二十五六岁，年轻莽撞，竟接过陈忠实的话茬：“陈老师，能不能把您刚才说的那句话写给我？”顺手递过笔。陈忠实接过笔呵呵一笑，直接写下了“赠黄刚：不懈·独立。陈忠实。”不久，“不懈·独立”的勖勉便印上了我的第一本著作《灯火阑珊时》的扉页，也深刻在我的心扉。

后来我才恍然大悟，正是因为“不懈·独立”，先生用六年的光阴煎膏熬脂，在灞桥西蒋村老家笔耕出一部五十万字的皇皇巨著《白鹿原》，一本可以死后当枕头酣眠的大书！回忆往事，首编《白鹿原》的《当代》杂志责任编辑常振家说：“《白鹿原》是一部大作品，已经好多年没有看到这样厚重的小说了！我忽然有了一种当年阅读《静静的顿河》《战争与和平》时的感觉。”后来，虽然《白鹿原》的单行本也出版了，但还是屡经周折才登上茅盾文学奖的殿堂！汪兆骞先生披露，《白鹿原》在《当代》的横空出世，“给一度沉寂的新时期文学带来了震撼与信心，它告诉世界，我们民族的文学思维并没有停滞，作为社会良知的作家，也从未放弃对时代精神价值的严肃思考”。但还是“不断听到来自上面有关领导一些若隐若现的指责、批评”。今天，时间的裁判告诉世人：删除、指责、批评，甚至禁拍影视的阻力，都无法抵挡这部大气磅礴的“诗史性”巨著的魅力。《白鹿原》出版至今，已公开发行逾五百万册！

1994年与陈忠实见第一面至今，一晃便是二十二年。但每次回老家，我几乎都要与陈老师坐坐，静静地听他满口的秦腔，听《白鹿原》灵感的由来，以及氤氲在他心底的苦难和达观；端详他满脸沟壑一样的皱纹，倾听掠过皱纹的那一沟沟风，悠然恬淡或沧桑凌厉；观察他点燃雪茄时袅袅飘绕的烟雾，浓酽的烟草味裹挟着泥土、世事或者文字的复杂味道。

翻开日历，我看见了先生的谦逊、豁达：《文化中山》创刊两周年之际，通完电话不几日，散发着翰墨之香的题词凌越数千里，将先生的欣喜与祝福从关中传递给伟人故里的千万读者。而他，分文不取！翻开日历，我看见了先生的关爱、厚朴：前往延安采风，我途经西安与先生匆匆一晤。获悉我将出版散文诗集《阳光不锈》，陈老师欣然允诺题写书名。第三天前往机场准备返程的途中，我意外地听到先生熟悉而和缓的声音——“字写好了，小黄”。面对先生的那一刻，激动的我一时凝噎双眼湿润，先生却笑呵呵地说：“还要赶飞机，别让朋友等了。”

直到今夜，我才敢轻轻地对你说：陈老师，《阳光不锈》早已出版，只获了市级的“五个一工程”奖。你赠我的那四个字——“不懈·独立”，一直藏在我心底。

夜已深，只有键盘声在书房回荡。

抬眼望壁，陈老师手书的“魏晋风骨，汉唐气象”四尺翰墨映入眼帘。我似乎再次看见了先生满脸的沟壑、燃烧的雪茄、睿智的眼睛，也看见了一位好作家、好老师、好老汉——陈忠实。我轻敲出一行字：鹿鸣原上，诗史亘绵千秋；德布神州，风骨延宕万里。并默默对先生说：“陈老师，请接受这两行肤浅菲薄的祈祷与敬意！明天，希哲兄会代我奉送到您的面前……

【黄刚，陕西临潼人，笔名唐风。广东文学院省重点文学项目签约作家、省文艺精品项目签约作家。系广东省宣传文化优秀人才、广东省作协理事、中国诗歌学会会员、中外散文诗协会广东分会主席团成员、中山市作协副主席、文艺评论家协会副主席兼秘书长。出版有《阳光不锈》《爱比天大》等7部书，其中散文诗集《阳光不锈》获中山市首届“五个一工程”奖、长篇散文诗《山高谁为峰》获第22届中国新闻奖、中国报纸副刊年赛金奖，同名专著入围第六届鲁迅文学奖。】

陈忠实：蘸血之作筑就文学高峰

文/周思明

一

陈忠实先生走了，走得太突然，太令人心痛！陈忠实的逝世，是我国当代文学的一个重大损失。援引恩格斯的话说，这位文学巨擘“逝世以后所形成的空白，不久就会使人感觉到”。但好在，陈忠实为我们留下了扛鼎之作《白鹿原》。这部即使置于世界文学之林也堪称经典的鸿篇巨制，无愧是一件文学极品。诚如他的名字，陈忠实忠诚于他所为之奋斗终生的文学事业，扎扎实实地坚守自己的艺术理想。陈忠实是我国当代文学的标识性人物。他不是一个卷帙浩繁的高产作家，但他是一个史诗性的经典作家。他的长篇小说《白鹿原》，是中国文学史上现当代作家中最具史诗性的作品。《白鹿原》触摸与开掘历史的纵深与人性的复杂，从而把各类人物的人性内涵开掘出来。他的作品，饱含强烈的忧国忧民的情怀，表达他对当代中国的深刻和独特思考，具有丰富的文学、社会学、民俗文化学等多方面的思想艺术价值。

他的《白鹿原》，曾获第四届茅盾文学奖，是新中国成立以来当代长篇小说创作的重要收获之一，已经成为数代人阅读史上的经典。陈忠实品格高洁，淡泊名利，谦逊质朴，真诚善良，热心扶持青年作家成长。他的作品深受广大读者喜爱，他的风范广为文学界称颂。

在文学圈内，陈忠实是一个活得清醒、低调、淳朴、深沉的好人。他为人质朴真诚，像他生活的关中土地一样厚重。相处起来，你会感觉到他具有浓浓的亲和力。在当代中国作家群中，陈忠实的脸识别度极高，恰如他的长篇小说《白鹿原》，隐喻着沧桑土地的血泪交融，勾勒着黄土高原的厚重寥廓，积郁着人物命运的风烟滚滚，诉说着人性复杂的横竖弯钩。《白鹿原》发表之前，陈忠实已有短篇小说集《乡村》《到老白杨树背后去》，文论集《创作感受谈》，中篇小说集《初夏》，散文集《告别白鸽》等诸多佳作面世，部分作品也已获得全国性文学大奖。但自从《白鹿原》面世并获得茅盾文学奖以后，不仅他自己的那些文学作品，连当代那些看似有些影响的“高原”性质作品也稍逊风骚。这就是经典的魅力，这就是“高峰”的伟岸。在中国作家中，陈忠实的写作态度非常严谨，尤其重视深入生活。一部沉甸甸的《白鹿原》，让他蛰居乡下耗费了六年时间（1986年冬到1992年春，陈忠实多次回原下祖屋读书、写作。其中，《白鹿原》的准备工作始于1986年，动笔于1988年，完成于1992年。编者注），端的是“字字看来都是血，十年辛苦不寻常”！与一些获奖作品难以进入读者尤其青少年的阅读视野相比，《白鹿原》被教育部列入“大学生必读”系列，已发行二百四十多万册，被改编成秦腔、话剧、舞剧、电影等多种艺术形式，其社会影响之大、之好，令人叹为观止！

二

作为一部“高峰”之作，《白鹿原》堪称当代文学史上宏大叙事代表性作品，以其独有的艺术魅力屹立在中国文学乃至世界文学丛林中而熠熠生辉。当年，柳青为了创作农村题材的长篇小说，离开生活便利的城市，举家迁往农村，心甘情愿与农民们同吃同住同劳动，写出了《创业史》这样流芳后世的扛鼎之作。路遥为了写出《平凡的世界》，也是一头扎在农村，就着咸菜疙瘩啃硬馒头，粗茶淡饭，废寝忘食，忘我投入，甚至累坏了身体而英年早逝。而陈忠实为创作《白鹿原》，可以轻世人之所重，坚辞省文联党组书记一职。在业余文学创作岁月里，他从不敢为个人爱好影响本职工作；当文学这个“魔鬼”搅得他寝食难安手足无措时，他毅然决然放弃仕途发展调到省作协当了一名专业作家；并舍弃都市繁华享受，回到乡下祖屋一住就是十年，靠着妻子送来的手擀面条和蒸馍，埋头苦写。有时难得写不下去，孤独得难以为继，但他靠着意志和毅力，硬是以“衣带渐宽终不悔，为伊消得人憔悴”、“我不下地狱谁下地狱”的精神，鞭策自己在小说创作的荆棘道路上艰难跋涉，一步步走向有光的所在。

陈忠实是用心血与生命灌注文学土地的人，除了精心栽种自己的文学果树使之硕果累累香飘万里以外，他将很多时间和精力花费在对中青年作家的发现、培育上。秉承鲁迅、孙犁等现代作家的优秀传统，陈忠实对青年作家，尤其是业余作者的真诚扶持是令人感动的。尤其前些年，他以国家和省作协领导的身份，勇于打破体制的束缚，从基层发现作家，并且及时地调动、培养、扶持，陕西作家冯积岐、吴克敬等人，都是他发现、培养和提携起来的，包括他们的工作调动，也都是他一手促成的。多年来，他为基层的作家、业余作者写序、题书名在所不辞，赢得陕西文学爱好者和作家发自内心的感激。有人说陈忠实"面冷"，但这只是表面；他表面上的"冷"，掩饰不了他内心的"热"。他的性格，既有关中农民最淳朴最勤劳的一面，也有其坚定倔强的一面；他既爱重声名，又有一颗善心。

三

从陈忠实身上，人们看到的是一个志存高远、迸闪艺术光辉的文学大家风范。《白鹿原》饱含了民族史、家族史、文化等多重意蕴，又体现着新历史主义审美精神，具有丰满而又厚重的美学特征。《白鹿原》出版二十多年来，好评如潮，也争议不断，这本身就说明作品的丰富性和深刻性，白嘉轩、田小娥这些人物早已深入人心，深深吸引着亿万中国读者。《白鹿原》不只是新时期以来、新中国成立以来，而且是五四新文学运动以来，最具经典品格的作品之一，而陈忠实本人也成为当代中国用汉语言创作长篇小说的顶级人物之一。长篇小说《白鹿原》思想性和艺术性达到同时代作家难以企及的美学高度，虽不能说尽善尽美、完美无缺，也堪称是一部石破天惊之作而名垂史册。陈忠实有句话说得好，“创作，就是寻找属于自己的句子。”陈忠实在其文学创作生涯中，一直都在“寻找属于自己的句子”。《白鹿原》出版后，陈忠实写了一本《寻找属于自己的句子——〈白鹿原〉创作手记》的小册子。“寻找属于自己的句子”，出自美国作家海明威之口，陈忠实对此有着深刻的理解，并付诸自己的创作实践。

在中国当代文坛，陈忠实是一位少有的“安静”的作家，不造话题，不惹纷争。但随着长篇小说《白鹿原》的诞生、获奖以及改编成同名电影并且入围柏林电影节金熊大奖，这位不张扬的作者再次成为公众视野中的焦点人物。一部面世长达二十年的长篇小说，具有如此经年不衰的魅力，背后一定有其必然的原因，归结起来就是，扎实的生活基础，厚重的历史积累，深刻的艺术思考，超拔的人格精神，刻苦的写作毅力。消费主义时代，许多作家心气浮躁不甘寂寞，不相信也不情愿“十年磨一剑”，有的作家几个月就能写出一部长篇小说，有的作家甚至一年中能出版几部长篇，还有的作家借助文学圈、朋友圈的人脉关系，不遗余力地包装、炒作、推销自己的平庸作品。这些缺乏自觉、自强、自信的写作者，明明自身写作功力欠缺，却总想用非文学手段达到名利双收的目的。在陈忠实看来，这种靠“手段”而非“手艺”的写作，断难获得文学殿堂的接纳。

据说，有位青年作家读过《白鹿原》后，不知陈忠实是否还在世，便给责任编辑何启治写信谈感想说：“五十多万字的《白鹿原》，简直字字都是蘸血写出来的，即使作者活着，也该累吐几次血吧？”用作家刘兆林的话说，那可真如割破血管从身上放血一样珍贵的经验，读后感到这部书才是打开陈忠实人生密码与写作密码的最佳钥匙。陈忠实所寻找的“句子”，在我看来，是创作个体对历史和现实事象的独特体验，既是独自发现的体验，又是可以沟通普遍心灵的共性体验——《白鹿原》便是他所苦苦寻找的句子的集大成者。《白鹿原》的巨大成功与深远影响，让我想起著名作家丁玲的“一本书主义”，大致意思是一个作家必须写一部立得住、叫得响、传得开的书，要有一本足以支撑自己的书，即“作品不能光图数量而忽视质量”。这与陈忠实早年曾立下写一部死后可堪枕棺之作的决心，是一个意思。结果也证明，陈忠实作为一个民族最伟大的书记员，凭借《白鹿原》这部文学经典，成功地构筑了一座不朽的文学高峰。

四

文学“高峰”与文学经典是一对既有联系又有区别的范畴。

前者具有当下性、即时性乃至意识形态性，而后者则是一个需要历史、时间、读者、专家等多种力量合力筛选、锻造的审美对象。文学经典是一个历久弥新的不确定性很大的文本现象。谈经典离不开传统，这是因为任何文学经典都须经过历史长河的洗礼、积淀，大浪淘沙，优胜劣汰，孰优孰劣，方可水落石出。从这个意义上看，陈忠实以其优秀长篇小说《白鹿原》，给我们这个时代奉献了一部颇具文学审美价值以及当代文学经典示范意义的范本。该书的贯穿线索延续了新文学传统及其经典品质，由于小说涉及的传统既不同于中国古代也不同于西方，乃是中国新文学传统以及当代文学的近传统，因此关于它的经典价值阐释某种意义上说便是新文学经典的阐释，由此可知：此处的“新”和“不同”，涉及文学的现代化或现代性这一热门且复杂的问题。作者以历史的、美学的及其他相关的现实主义认识论方法论，对新文学传统及其经典意义做了全面深入、辩证科学的形象叙述，从而为人们重新认知和科学阐释新文学经典、当代文学经典，奠定了坚实的理论研究基石。《白鹿原》体大精深，叙述风格深沉、曲折，语言老辣沉雄，具有一种撼动人心的“小说之美”和熟稔老到的形象思维力量。

《白鹿原》所凸显的新时期文学的现代品格，它所呈现的新型传统和新型经典意义，与对它的理解和阐释可以说处于一个共同体内。尽管“经典”的话题一直为创作界和研究界所关注，将经典话题落实到当代文学史及其文本研究也一直处于方兴未艾的状态。从新时期文学发展历程的纵向视野看，经典正是在这样一种语境下得以产生。事实上，《白鹿原》作为一部文学经典，是通过如下两种方式得以确立的：即从实在本体论角度来看，这部长篇小说被视为因其内部固有的崇高特性而衍生出来的“第一流的”、“公认的堪称楷模的优秀文学和艺术作品，对本国和世界文化具有永恒的价值”的一个文本实体；而从关系本体论的角度来看，《白鹿原》也是一个需要随着时间变迁而不断被再确认的文学文本，是一种需要不断在阐释中获得生命价值的存在。如是两者无疑都是经典形成不可或缺的条件和因素。

20世纪到21世纪间中国文学有无经典？这是多年来困惑当代学术界的一个重要问题。早在20世纪80年代初期，便有论者提出，1949年以后三十年间的文学成就，远不及1949年以前的三十年；而从80年代中期开始，又有人认为，从整体来看，1949年以前的三十年文学成就也是不能令人满意的，其最重要的价值，恐怕就是充当思想史的资料。认为以世界文学的水准衡量，即使鲁迅也还不能算是伟大的作家。别的姑且不论，仅就长篇小说而言，在20世纪汗牛充栋的中国长篇小说中，要找出超过明清“四大名著”的作品，恐怕就很难。在一些学者看来，有关经典问题的困惑，主要是根源于本体论缺失所造成的阐释性焦虑。窃以为，中国现代文学（含新中国六十多年）作为20世纪以来最杰出的中国人的才情和智慧的结晶，已经创造出了堪称属于自己时代的文学经典，以当代文学为例，包括陈忠实的《白鹿原》等一批优秀文学作品，乃是中国现代史近百年中人民生存状态和生命意识的审美表达，在历史给定的条件下，它们已尽可能地发挥到了最好水平。尽管文学史是一个遗忘率最高的领域，在若干年之后，能够被人们记住的作家作品将会越来越少，但可以肯定的是，在二百年、五百年之后，《白鹿原》以及白嘉轩、田小娥这些人物还是会被人们深深地刻在脑海中。

在中国现当代文学发展长河中，已经有了鲁迅、郭沫若、茅盾、巴金、老舍、曹禺、沈从文、沙汀、赵树理、钱钟书、柳青、路遥、陈忠实、莫言、苏童、余华……诸多经典作家。那种中国现当代文学无经典论，是一些不切实际的无视经典存在的悲观论。我们要历史地辩证地看待经典，经典的判定，需要放置在一定的历史坐标系中，而不能形而上学、主观武断地认定经典只有一个历史时期才会出现，而别的时空领域却是无能为力的。这种依情而非依理来宣判经典的有无的做法，其实是一种无视经典存在的愚昧之举。事实上，经典是个与时空相对应的概念，只有经过时空涤荡与淘洗的文本，才有资格成为被世人认可的文学经典。当然，作家本人在进行创作时无法预知自己的作品是否能够成为经典，如艾略特所说："他们唯独不能指望自己写一部经典作品，或者知道自己正在做的就是写一部经典作品，经典作品只是在事后在历史的视角才被看作是经典作品的。"但是像陈忠实这样的经典作家生前显然已经具备了舍我其谁的使命感和时不我待的危机感。

苏联作家普里什文说：“作家最大的幸福是：不把自己视作特殊的、独来独往的人，而是做一个和一切人一样的人。”只有具备了这种使命感才有可能创作出可以称之为伟大的经典作品，使其具有俘虏人心的力量。由于文学有着不同于科学学科的特质，因此不可以完全用科学主义的启蒙主义来进行阐释，并不是人类所有的情感都可以被阐释，也不是所有的现象都可以被解释，人类心灵的丰富与广阔，天地之间冥冥之中不可解的魅性，都可以是文学经典所表现的内容。文学不受衰亡这种规律的制约。也许时间会使得一些情感消失殆尽，但是时间却能够使真正的文学成为经典。经典作品往往是写给未来的，比如奥威尔的《一九八四》，它们可以战胜残暴的时间，能够经受住一代又一代读者的阅读和领悟，带给一代又一代读者感动与震撼。诚如著名学者黄曼君指出，现代文学经典的确立，因其属于近距离的“在场”，应归于现代文学评论范畴。只有在拉开了时间的距离之后，才有可能排除意识形态、文化权利等等的制约与干扰，从而做出相对客观公正的判断。所以，对近距离的作家作品，不一定要急于“盖棺论定”，向世界宣布孰为经典，这样做是不科学的，也存在着极大的风险和不确定性。从这个意义上说，也许《白鹿原》还需要时间和历史的考验和追问。但我相信，《白鹿原》一定会经得住这样的考验与追问，并且随着斗转星移而愈发闪现其艺术的光辉！

【周思明，中国文艺评论家协会会员，广东省作家协会文学评论委员会委员，深圳市文艺评论家协会副主席，深圳市福田区作家协会副主席。出版专著《解构与重构》《全球化视野与新都市语境——深圳文学30年论稿》《意义的重建》等三部。在《人民日报》《光明日报》《文艺报》《南方文坛》《名作欣赏》《粤海风》等报刊发评论600多篇，多篇论文被《新华文摘》《中国人民大学报刊复印资料》《马克思主义文摘》《中国当代文艺文论选》等选载。评论及作品获国家省市奖多次。发表小说散文诗歌杂文等多篇。】

偶遇一张脸

文/池宗平

说来惭愧，同是陕西人，至今我仅与久仰的陈忠实先生偶遇过一次，而且还是在异乡深圳。那是2001年在深圳举行的一个文学颁奖典礼。

那天，先生戴着老花镜，腰板挺直，庄严地坐在主席台上。我作为一个摄影与文学爱好者有幸目睹了先生的风采。在与先生谋面之前，虽然很早就在书刊上看到过先生的风采，但那么近距离地面对面接触，我还是激动不已。

先生身材魁梧、清癯，穿一身不太合体的深蓝色西装。留给我印象最深的就是先生那张亲切而慈祥的脸。原因很简单，他的脸上有着一如我的农民父亲一样的烙印。他的双目精光四射，那目光似乎和他的文笔一样犀利。他脸上有着关中农民特有的深深浅浅的沟壑，尤其眉间那两道，竟犹如刀刻。眉毛浓且黑，像两座凌厉的山峰，这个年纪的老人有这样黑的眉毛，必定是精气神十足的。

可是，因为活动举办方事先的大张旗鼓，加之赛事赞助商的推波助澜，那天各路媒体参会人数众多。作为一个文学爱好者的我一时无法进入会场，只好徘徊在去往洗手间的走廊边上。

直到会议间隙，正有点心灰时，人群一阵小喧哗，接着水一样分流两边，中间让出了一条歪歪斜斜的小通道。突然间就看到了先生正有点费力地穿过小道朝我这边走来，原来先生是要去一趟洗手间。就在他将要与我擦肩而过时，我不由自主地用家乡话喊了一声先生。先生回过头看着我，目光慈祥。他望着我片刻，也用关中话说：“娃子，你叫我么？”

当我提出要为先生拍张照时，没想到他愉快地答应了，还询问我在哪里照好点。这不由得不让我心里一震，这已不仅仅是平易近人所能描述得了的啊！

那天，我给先生拍了一张特写的半身照，特别突出了先生的脸。

那个赛事之后，过了一段时日。忽然间，小道消息说，先生对那次赛事很气愤，说自己是被人利用了。再后来，便很少听到见到先生在公众场合露面的消息了。从这，不难看出，先生将脸面看得比什么都重要，而脸面在关中一带代表的是一个人的良心、为人处事准则。

自那次赛事之后，我就不自觉地关注起了有关先生的种种。令我惊奇的是，说得绝对一点，先生是名人里极个别，无论在网络上还是在朋友圈的闲聊抑或书刊报纸上没有被人“骂”过的名人。不信，您搜搜寻寻找找看看。

其实，想想也在理。抛却作家身份，作为一个个体的先生，更是一位无比忠厚、慈祥的长者。先生为了鼓励年轻人进行文学创作而有求必应，题字、赠书、联系出版、请吃谈心等太多方面的指导与鼓励。随便上网搜一搜，都能搜到那些或真或假爱文学的人士与先生的合影，向先生索取的题字夸张地显摆在重要位置。

听朋友圈人士说：在先生去世前几天，先生话都说不了，大多时间昏迷，醒来就吐血。一些客人去看望他，拿着一摞子书说让先生签名，在短暂的清醒的时候，他笔都拿不稳了，家人不愿让他签，他到这个时候，仍然宁愿相信读者，不愿拂人之意，便示意家人扶着他的手，一笔一笔地在书上写下了“陈忠实”。

还有一次，听一位老作家讲，某次采风，主办方组织作家们坐滑竿翻山，先生不好意思被农民乡亲们用滑竿抬着，竟然放弃登山自己溜掉了，最后是从山下绕行过去的。而这两个小故事只是我随手拈来的而已。

不难想象，这就是先生的秉性。善良忠厚慈祥仁义侠气的先生一生为人处事从来都是考虑着别人，至死都不愿拒人于外，在功利化得一塌糊涂的当代文坛，先生的这种人格魅力是何等的难得啊！

此刻，我又不由自主地翻出我曾亲手给先生拍的那张照片来。每当我拿起那张照片时，我都很想用一句话一个词来把陕西与先生联系，直到5月1日这一天，我看着他，突然间就开悟了：

“这张脸不就是三秦大地山川的状貌吗？！”是啊！我当时就惊呆了。我怎么之前就没想到呢？！这张脸，也是几千年壮阔丰饶的黄土地的生动表情啊！

照片上他的表情绝对是自然而不做作的。先生的那张脸不仅带着秦地农民特有的忠厚，而且更有眉宇间的智慧，眼神的犀利。从先生面庞上的皱纹看，充满了沧桑；从表情上看，却充满了热情、豪爽和朴实。人生的阅历全写在那张脸上。

这张脸更是可以在秦腔秦农里有根有据的脸谱。秦地严寒，秦民多爱吼秦腔，多爱“吃”旱烟。而联系秦腔脸谱生、旦、净、末、丑，联系秦地农民脸谱，你能很容易地从先生的脸庞上区别出来忠、奸、美、丑、好、坏。而一生好烟好秦腔的先生，唯一钟爱的便是极其廉价烟劲极冲的棒棒烟与那吼声震天的秦腔，即使成名成家也不改生活习惯。

如今，每当有朋友让我给他们介绍陕西时。我总会对朋友们说，如果你没有到过陕西，无法想象出那里的地貌是什么样子，你就使劲联想大作家陈忠实的脸吧。记得了那张脸，你就知道了我们应学习他的什么，为人处事该做什么，不该做什么。

斯人已驾鹿远行，我们拿什么祭奠呢？唯有学习他的仁义、礼信、待人处事；学习他高洁人格、大家风范和崇高品格；学习他五十多年来始终深入生活、扎根人民锲而不舍坚持创作的精神；学习他一生不为名利所动、不为浮华所惑，静心静气、潜心创作的信念与定力。

正如他的同辈，陕西文坛三驾马车之一的贾平凹在《怀念陈忠实》一文里所说：他是关中的正大人物，文坛的扛鼎角色……生命依然不息。更何况陈忠实有他的《白鹿原》。他依然在世间。

而我想用黑娃送朱先生时说的话来送别他：自信平生无愧事，死后方敢对青天。

人生有此，夫复何求？！先生，一路走好！您的作品与您的那张脸一定长存于世，激励更多的后来者。

【池宗平，陕西咸阳人，青年作家。陕西青年作家协会会员，广东省第一届网络作家协会会员。曾获东莞市第六届小小说大赛一等奖；2015广东省网络文学大赛小小说优秀作品奖；第二届孙犁散文优秀奖。作品见《作品》《百花园》《北方作家》《特区文学》《湖南文学》《连云港文学》《金山》《打工文学周刊》《佛山文艺》、《小说月刊》等报刊。】

白鹿原上白鹿吟

文/管启富

2016年4月29日，听闻中国著名作家陈忠实因病去世的消息，几难相信。虽然我只是他忠实的读者之一，不曾谋过面，也不曾交谈过，但是我觉得很多时候，作家就是通过作品跟读者交流的，读了他的作品，便可以感受到他的温度。

陈忠实活像一个经历丰富、生活坎坷、富于才情的乡下大爷，抽着烈烟，伸着手指头，讲起关中往事，神情悠然神往。有那么半晌，他沉默如金。直到他决定开口时，又充满了刚毅和决绝。这时候，他像极了一位教书先生。他的声音很低，但字字铿锵有力，像冰雹砸在地面，显见经年沧桑的劲道。

我遥想起十五年前的大一，那时我还在念中文系，图书馆藏书林立，学了现当代文学史，我突然想找陈忠实的书读读。这一看不要紧，基本上看完了馆内他的全部著作。短篇小说集《乡村》《到老白杨树背后去》，文论集《创作感受谈》，中篇小说集《初夏》《四妹子》《陈忠实小说自选集》，散文集《告别白鸽》等。看了陈忠实老师的《白鹿原》，惊为奇书。这书实在大胆，开篇便是以白嘉轩七房太太为引，结末又是一曲挽歌。

陈忠实的代表作便是长篇小说《白鹿原》。作品以陕西关中平原上素有“仁义村”之称的白鹿村为背景，细腻地反映出白姓和鹿姓两大家庭祖孙三代的恩怨纷争。全书浓缩着深沉的民族历史内涵，有令人震撼的真实感和厚重的史诗风格。1993年6月出版后，其畅销和受海内外读者赞赏欢迎的程度，为中国当代文学作品所罕见。1997年荣获中国长篇小说最高荣誉——第四届茅盾文学奖。

白鹿原也是地名，位于西安蓝田县、长安区、灞桥区管辖之内，蓝田辖区内的孟村镇和安村镇，被认为是小说《白鹿原》的“地理原型”。安村镇有一个有名的村子——白村，村里的两个姓氏大户被认为是故事里面两大家族的人物原型。而作者本人，曾经多次常住蓝田，翻阅了大量蓝田县志资料，这些都为故事的成型起到了重要作用；在灞桥区辖地，有知名的狄寨镇，上边已经建成白鹿原大学城。

白鹿原，地处长安城以东的制高区域，南接蓝关，北扼灞水，俯临长安，地势险要，历来为兵家必争之地。从春秋时期的秦穆公开始，就在灞河上修筑军事要塞“灞城”。秦末农民起义时，刘邦进军关中，也首先占领并屯兵灞上，迫使秦王子婴不战而降，并在灞上召集关中父老宣布了著名的“约法三章”。而在唐代，由于白鹿原地处京郊，故当时的显贵死后多葬于此。

还有一说法，小说的“地理原型”为白鹿原上狄寨镇的南枝村，这个村分白姓和魏姓两大家族。2005年，话剧《白鹿原》剧组到白鹿原上体验生活就到过这个村子，里面有小说中白家原型的老宅子。

在这里，陈忠实用尽了一生心血写出了《白鹿原》，得以传世。可又有多少人知道他之前写过的《蓝袍先生》呢？还有多少人知道他其实很早之前就以短篇小说获得了全国优秀奖？他的散文也是如此的情真意切，打动人心。很多人好奇陈忠实先生为何仅仅只写了一部《白鹿原》，就不再写长篇了。可不知他已经把所有要说的话都写完了。他很少接受采访，他认为要说的话全在《白鹿原》里，有缘有心的读者会明白他所想说的所有话。

据说在1985年创作中篇小说《蓝袍先生》的时候，陈忠实便开始了关于我们这个民族命运的深入思考。为了完成一部堪称“一个民族的秘史”的死后可以放在自己棺材里当枕头用的大书，为了完成这部曾经拟名为“古原”，后来定名为《白鹿原》的长篇小说，陈忠实花了两三年的时间做了几方面的准备：一是历史资料和生活素材；二是学习和了解中国近代史；三是艺术上的准备，认真选读了国内外各种流派的重要长篇小说，以学习借鉴他人之长。

做了这些准备和思考之后，他认识到只有回到老家小屋那个远离尘嚣的环境里，才有望实现自己的宏愿。十年磨一剑，完成一部五十万字的鸿篇巨著，依靠怎么样呕心沥血的信念和坚持，应是常人难以想象和忍受的。如同路遥完成《平凡的世界》后所写的那篇《早晨从中午开始》，陈忠实在完成《白鹿原》之后，应该是有类似的感觉，那就是心神俱疲，如释重负。

这部可以枕棺之作让他很长一段时间不再写小说。当他把书稿亲手交给《当代》杂志编辑时，轻轻念着没有说出口的话：我是把生命都交给你了。这一方面可见他所下功夫之深，作品之重要；另一方面，是对编辑如此信任，差不多性命相托。后来的结果自然是皆大欢喜，顺利发表，再版接二连三，他获得了前所未有的关注和礼遇。

最聪明的人，往往最舍得下笨功夫。很多人对现实主义作家颇有微词时，陈忠实用《白鹿原》的成功狠狠地给予回击。写这种题材需要巨大的勇气，扎实的生活，构思的功力，文学的底蕴。好的作品是不分国界、种族、肤色、地域、人群、时空的。这样的一部巨著，无论放在哪个时代、哪个时期，都是一部皇皇大作。

陈忠实先生没有再写第二部长篇是我们的遗憾，也是我们的幸运。一部长篇被读者记住是不易之事。有多少作家穷其一生写了几部长篇，却没有一部被人记住。固然有天时地利人和的关系，但作家终究还是拿作品说话的，好与不好自在人心。高原之上的高峰，能否占据一席之地才是令人称道的，至于作品之外的话题，不过是过眼云烟，不消片刻便会烟消云散。

关于史诗《白鹿原》创作的背景，陈忠实不失时机推出个人最新散文精选《白鹿原上》，收录了《原下的日子》《告别白鸽》

等33篇作品，细述了白鹿原乃至关中地区的独特风貌，洋溢着浓厚的乡土气息和人文情怀，另有16幅经典插图再现原上瑰景，令读者身临其境。如果说《白鹿原》呈现给我们的是一个波澜壮阔的虚构世界，那么《白鹿原上》则讲述白鹿原乃至关中地区的独特风貌以及作家本人真实的人生经历和质朴的情感世界，洋溢着浓厚的乡土气息和人文情怀。

对陈忠实来说，白鹿原不仅是作者的故乡，也是作者的思想之“原”，精神之“原”，创作之“原”。《白鹿原上》分为“陪一个人上原”“绿风”“半坡猜想”“晶莹的泪珠”四部分，抒写了原上的万千生灵与深刻史载。所谓“一草一故乡，一土一深情”，作者对于生于斯、长于斯的白鹿原充满了深情。这里的一山一水、一草一木，还有那些可爱的鸟儿，那些深邃悠远的历史遗迹，那些生活的方方面面，无不烙下作者的成长印记，引发作者对生命、对历史的深思。

陈忠实曾几次专门回到祖屋进行写作，书中说，只要在原下写作，便进入“生命运动的最佳气场”，在祖居老屋里创作《白鹿原》的十年，也是让他“最沉静最自在的十年”。对于陈忠实来说，“离开土地是最深的痛”，也正是在这片原上，这些经典鲜活的作品才得以诞生和延续。

与其他作家不同的是，陈老似乎鲜少接受媒体采访。他本就是陕西关中一地地道道的农民，虽然家贫以至一度辍学，但是他成绩优异，有文学的天分。熟悉底层生活是他创作的源泉。他的天才的洞察力，让他比同时代的作家走得更远。

陈老虽然才华横溢，却是大器晚成。人们最先记住他的作品就是这部扛鼎之作——《白鹿原》。白嘉轩、鹿子霖、白灵、黑娃、田小娥、冷先生、朱先生等人身上，似乎都有那个时代的影子。他在查阅《蓝田县志》的《贞妇烈女卷》时，涌起了一股神异之感，那就是封建礼教对女性的罪恶束缚。看完了所有《贞妇烈女卷》，《白鹿原》中的第一个女性形象田小娥就呼之欲出了，这个争议最大的女性，也是当仁不让的女主角，就这样华丽出场了。可以说，这是在现当代文学史人物画廊上独特的占有一席之地的角色。事实上，也正是田小娥这一人物，让整部小说有了一股反叛的灵动的乃至悲剧的气息。这是为整个以黑娃、白灵等新生代人物身上所没有的，却也因此而埋下了伏笔。

钱钟书先生到国外访问，有记者问及他的作品《围城》，说终于见了真人。他开玩笑说："假如你吃了一只鸡蛋，觉得味道不错，这就够了，为何非要见这只下蛋的母鸡呢？"细想当真如此，作家和作品其实各自完成了自己的使命。陈忠实先生的作品已然写成，读者如何评价已不在他的能力范围。

"云山苍苍，江水泱泱，先生之风，山高水长。"陈老走了，他不是走了，只是在白鹿原化作了白鹿，间或能听见秦腔之声，用一部《白鹿原》吟唱着前世今生的传奇。

【管启富，80后，笔名红树林，广东梅州人。广东省青工作协会员，深圳市作协会员。数百篇作品散见于《延河》《黄金时代》《羊城晚报》《南方工报》等全国各大报刊，曾获中山市（石岐）休闲旅游文化节散文金奖（2012）、第十届中山读书月征文一等奖、“我游岐江”征文金奖、广东省委宣传部“幸福广东”征文三等奖、第四届“珠江情”全国征文奖、“筑中国梦，抒襄阳情”全国诗文大赛散文二等奖，“夜话周庄”全球诗歌散文优秀奖等近百个文学大赛奖项，并收入各种诗文集，著有散文集《爱的风景在路上》，现居深圳。】

为生命写作

文/赖海京

正在电脑的邮箱上痴痴地写着文章，突然，为了与文友更多联系而一直在线的QQ弹出一条消息“著名作家陈忠实因病去世，享年七十四岁”，一下子震惊了我，心里一沉悲从中来，久久无法回过神来，中国文坛少了一颗文学巨星！中国作协副主席，著名诗人、作家高洪波说，“陈忠实是一位很出色的作家，他的离去，是中国文坛的重大损失，也是陕西文学界不可弥补的损失”。

作为一名普通文学爱好者，著名的作家也许我们一辈子都无缘相识，但又似乎近在身边，距离无法改变他们在我们心中的地位，因为他们的作品为我们所熟悉，他们所塑造的人物深深刻印在我们内心深处，他们的名字更常常萦绕在我们的脑海中。陈忠实老师的离去仿佛是心中之神的坍塌，让许许多多普通的文学爱好者、追随者悲从中来，却也在内心深处升腾起许多与作家和作品“相识”的曾经岁月中的回忆。

记得第一次知道中国文学界有一名叫作陈忠实的作家，当然就是因为他那如枕头一样厚重的《白鹿原》。那时候的我还未步出校门，青葱的岁月最是疯狂追星的年龄，那个年代我们追的星并不是现在许多年轻人追逐的影视明星，我们所追的是文学明星，从张爱玲、钱钟书、老舍、茅盾到台湾的三毛、席慕蓉、余光中、张晓风，再因为贾平凹是三毛最好的朋友、是三毛最志趣相投的作家，于是，贾平凹的《故里》《白夜》《浮躁》《废都》等作品都成了我最珍爱的收藏品，从贾平凹的作品中读到了陕西浓浓的乡土气息，认识了与南方风格各异的八百里秦川大地，从而引发了与我所熟悉的南方城市完全不同的陕西乡土文化的痴迷。因了贾平凹，开始认识了路遥、陈忠实，《平凡的世界》《人生》《白鹿原》相继成了我书架上的一员，那时候的《白鹿原》还没有获得茅盾文学奖，远没有现在为人所熟悉，但我记住了《白鹿原》，记住了陈忠实老师。

陈忠实老师最让人记忆深刻的就是他那一张沟壑纵横的脸庞，那是一张充满了历史沧桑和岁月留痕的脸庞，那是一张最容易令人想到的一张淳朴的农民的脸庞，正如他的名字“忠实”一样。陈忠实老师多年来的创作严谨、踏实，深入农民生活。虽然他历任毛西公社革委会副主任及党委副书记、西安市郊区文化馆副馆长、西安市灞桥区文化局副局长……但他骨子里透着的依旧是深藏着农民的根，而他的作品也大都是躲在西安市东郊灞桥区西蒋村的老家旧屋里完成的。1992年，陈忠实的代表作《白鹿原》一出世，评论界欢呼，新闻界惊叹，读者争相购阅，一时

“洛阳纸贵”。其畅销和受海内外读者赞赏欢迎的程度，可谓中国当代文学作品中所罕见，在1997年12月19日荣获中国长篇小说的最高荣誉——茅盾文学奖。1998年4月20日，它的作者终于登上了北京人民大会堂的颁奖台。

在《白鹿原》一鸣惊人之前，陈忠实老师从1965年就开始发表作品，包括中短篇小说、报告文学、散文等，短篇小说《信任》获1979年全国优秀短篇小说奖、《立身篇》获1980年飞天文学奖、中篇小说《康家小院》获上海首届小说界文学奖、《初夏》获1984年当代文学奖、《十八岁的哥哥》获1985年长城文学奖，报告文学《渭北高原，关于一个人的记忆》获1990—1991年全国报告文学奖等。在长篇小说《白鹿原》问世之前，陈忠实老师已经是陕西省作协专业作家、陕西省作协副主席，在文坛上也已经是硕果累累，但勤奋沉静的陈忠实老师并不满足于现有的成绩，为了完成一部堪称“一个民族的秘史”、死后可以放在自己棺材里当枕头用的大书，陈忠实老师花了两三年的时间做了几方面的准备：通过查阅县志、地方党史、文史资料和社会调查收集历史资料和生活素材；通过大量阅读中国近代史、心理学、美学、民族研究等书籍学习和了解中国近代史；通过选读国内外各种流派的长篇小说的重要作品，研究长篇结构的方法、以学习借鉴他人之长，为这部可以死后放在自己棺材里当枕头的大书做好充分的准备。然后在他西安市东郊灞桥区西蒋村的老家旧屋里，在这个每一家的后院都紧紧贴着白鹿原北坡的村里、在这个横亘百余华里高耸陡峭的原坡的僻静的村里，六年的时间，过着远离城市喧嚣的简单生活，忍受着难耐的寂寞，艰辛地付出，耗尽了心血，完全是用生命在写作，最终实现了自己的宏愿。《白鹿原》在中国文坛上成为一座拔地而起的风光无限、撼人心魄的高峰！

在《白鹿原》的序言中，陈忠实老师这样写着“为什么读了头一本小说就无法抑制，就产生了一种想把中学图书馆的小说都挨个读一遍的强烈欲望，现在想来就只能归于兴趣”。著名文学评论家雷达也曾说：“陈忠实是一个酷爱文学的人。”就是源于对文学的酷爱和浓厚的兴趣，初中时阅读的第一本小说是赵树理的《三里湾》。它触发陈忠实老师把赵树理已经出版的小说全部借来阅读，从而开启了他的写作生涯。雷达老师在珠海一次关于“路遥、贾平凹、陈忠实小说的比较”的讲座中说道，谈到这三位成功的作家为什么都出在相对封闭的陕西而不是广东、珠海等地，贫穷而封闭的环境培养了他们刻苦创作的精神和极为坚韧的品质，在远离城市喧嚣中耐得住寂寞而刻苦创作、在作品经历过无数次的退稿依旧坚韧地在全国不断旅行！是的，无数作家都是经历过无数的退稿才有了今天的成就，只有远离喧嚣沉静写作、用生命和心血来写作才能够获得成功！

如今，自己也走在写作的道路上，也常常能够沉浸在阅读的故事情节中而无法自拔，沉浸在写作中而忘记了疲惫，甚至陶醉其中而自得其乐，但看到陈忠实老师为了完成这部可以死后放在自己棺材里当枕头的大书《白鹿原》，可以用三年的时间查找各种历史文献，阅读各方面知识的书籍，大量阅读文学名著，再用六年的时间远离非常安逸舒适的生活、远离城市丰富的物质和喧嚣，一个人孤独寂寞地躲在老家的旧屋中用生命来写作，才成就了这部史诗性的作品。生活在大都市的我们又何曾割舍得下舒适和安逸？陈忠实老师的写作历程，是值得每一个走在写作道路上的文学爱好者深思的！

【赖海京，笔名欣雨，欣欣雨至。布吉高级中学工作，福田作家协会会员。文字散见于《深圳晚报》《深圳商报》《晶报》《深圳侨报》《龙岗文艺》《群众文艺》《莲花山》《品书空间》等报刊，获得过9个征文奖项（《羊城晚报》举办的广东省“珠江情”征文优秀奖、福田图书馆征文一等奖，福田区文化节征文奖、《深圳晚报》的四个征文一二三等奖等）。】

这株柳，我称他忠实先生

文/冷富春

2016年4月29日，白鹿原

乌云密布，灞河呜咽
苦音腔节奏缓慢，失声于
一株不抱怨命运的韧劲的柳
一株为河畔留下绿荫的柳
一株为后人留下墨香的柳

这株柳，我称他忠实先生
他爱秦腔、爱世界杯、爱西凤酒
爱雪茄。他最爱讲历史故事
他讲累了，磕了磕雪茄的
灰烬，就眯着眼
安然入睡

忠实先生还会醒来

他去了乡村，去了白鹿原

到老白杨树背后去，打了个长盹

他会在某一时刻醒来

或许为秦腔花音，或许为西凤酒香

或许为优雅地吸一口雪茄

或许为中国男足进军世界杯

最可能的是，忠实先生

讲故事的瘾

发作了

【冷富春，重庆垫江人，生于1977年。现居深圳。重庆市新诗学会会员，深圳市福田区作协会员，重庆市垫江县作协会员。曾是公立学校教师，后辞职，现为教育文化公司创始人。热爱文学，诗歌、散文和小说散发报纸杂志。】

品前前后后，悼文坛巨星

文/万福友

2016年4月29日，《白鹿原》作者陈忠实巨星陨落。噩耗传来，华夏震撼。

当日，课间跟同事在校园里转了小半圈，回到办公室，就听老武说陈忠实先生去世了。拿起手机，却见微信朋友圈里，深圳市作协于爱成副主席连续转发了好几篇文章，均为陈忠实所作，包括《〈白鹿原〉出版的前前后后》《〈白鹿原〉序言》《60岁后回白鹿原，泪眼模糊》《我的文学生涯》《回家，回家》。那日，我刚好没有课，一口气就把所有文章都通读了一个遍。这时，已经差不多到11点了。

我赶紧将文章转到电脑上，然后将字体、字号认真编辑了一遍，又跑到文印室，一式两份印了出来。因为当日下午第七节，本人所带的文学社要开展活动。而原计划这节课是让学生进行写作实践的。我觉得对当代文学史上的这一重大事件，我们的文学社是不应该置身事外的。于是，我当即决定：这次活动，就让学生认真品读陈忠实先生当年的文章《〈白鹿原〉出版的前前后后》，领略一代文学巨匠这部经典作品的创作、出版及其心路历程，缅怀这位伟大的作家。

《〈白鹿原〉出版的前前后后》，这篇八千余字的长文分五大部分，回忆了作者与人民文学出版社编辑何启治之间长达二十年的交往，更多的笔墨放在小说创作的背景的叙述上；放在了接受长篇小说创作任务后战战兢兢、如履薄冰的心理活动的描写上；放在了创作时的认真细致的准备上；放在了朋友的信任上——二十几年来“不催促”（1973年，何启治读到陈忠实的短篇小说《接班以后》，认为其已经具备了一部长篇小说的架式或基础，遂向陈忠实组稿，希望他能写一部长篇交由人民文学出版社出版。当时，何启治在该社当编辑。《白鹿原》完成时，他已调任《当代》杂志副主编。编者注），始终如一的聚会、活动，而对作品却绝口不提；放在了五十万字的作品终于脱稿的如释重负的描写上；放在了母亲突然在北京来客即将到达前病倒的狼狈及描写中；放在了交完手稿之后的无聊的等待，就如等候判决的描述中……文章对收到北京来信时自己的心理活动，用了“癫狂”和“战栗”一类的形容词。当然，文章还写到了这部皇皇巨著出版后的巨大影响，以及随之而至的风波；自然，文中也有“高门楼”这一对人民文学出版社的绝妙比喻。

翰林文学社本次的活动，主要任务就是品读这篇长文，借以缅怀文学巨人陈忠实先生的不幸“归去”。显然，由任何一个人在不到一个钟头的时间里去读这么长的一篇文章，都不是一件容易的事。好在，文学社里的李渺、孟凡煜两人是学校广播站的广播员，杨扬是品学兼优的副社长，赵永皓的朗读的基本功也是可以放心的。

文章共八千四百余字，双面打印出来的是十二页，我将其中四个部分分给以上四位同学朗读，导语和剩下的第五部分则由我自己朗读。

就这样，台上，师生五个人，五种风格，认真地读，读得抑扬顿挫；台下，六十余位社员们，安安静静，听得凝神静气。

大家据此懂得——原来，陈忠实，这位茅盾文学奖的获得者，一开始并没有想过要写长篇小说。原来，陈忠实，这位文学巨匠，当年在读着长篇小说时也感叹过：这个作家长着怎么样的脑袋，怎么会写出让人意料不到的故事和几乎可以触摸的人物！原来，《白鹿原》这部达五十万字的鸿篇巨制，竟然是人民文学出版社的编辑近二十年的鼓励和等待的结果！原来，作者陈忠实老先生为了写《白鹿原》，查阅县志、党史资料，做社会调查，研读有关关中历史书籍……做了这么细致的准备！

同学们也知道了一个细节——当年，当人民文学出版社的何启治编辑向陈忠实约写长篇小说时，陈忠实当时的解释是：这几乎是老虎吃天的事！

就在饱含深情的读书声里，在六十余位文学社员安安静静的凝神静听下，翰林文学社的师生们，不仅对一代文坛巨星陈忠实先生进行了一次深切的缅怀和追思，而且从陈忠实先生的许多故事中得到了无限的激励。

我自己第一次知道陈忠实的名字，似乎是在1994年前后。那时，我从家乡梅州五华调到珠海的金海岸中学已经近两年。不知怎么回事，《白鹿原》和《废都》差不多在同一时间里火了起来。彼时我大学毕业已经七八年。中文系毕业的我对贾平凹并不陌生，大学念书的时候，同学中就有他的粉丝；大学毕业不久，某次读书，得到了他的一本散文集，其中的一篇《人病》，更是写出了人情世态。陈忠实的名字，于我而言却是第一次见到。《白鹿原》，近五十万字的大部头作品，我是在工作之余一口气看完的，从手里拿到，到还给别人，前后总共不到四天。读着这个作品，只觉得眼前展示的是一部充满了历史风云的巨大画卷，众多人物形象的塑造，让我钦敬不已。如果让我用最简练的文字去评价小说的话，我会毫不犹豫选择“好看”，或者“过瘾”。事实上，大学毕业之后，自己已经有很久没有像这样一口气把小说看完的印象了。总之，陈忠实和《白鹿原》给我的第一印象，实在是太深了。

第一次近距离见到陈忠实先生，已经是毕业十一年之后。那时我已经来到深圳好多年，而且带着学校的文学社。2003年12月，本人所在的竹林中学承办了深圳市第三届中学生文学社现场会。《美文》杂志社的编辑还专门寄来贾平凹的题词“竹林小鸟，展翅蓝天”以示祝贺。2005年暑假，我带学生李慧赴西安参加《美文》杂志主办的全球华人少年美文写作比赛。这个赛事，当时被誉为“中国少年诺贝尔文学奖”。我的学生李慧以现场写作的《长翅膀后，我们一起飞》一文，拿到了这次比赛的“评委奖”，实际上的初中组第三名。大赛时间是7月底，在一年中最炎热的季节，地点是陕西师范大学礼堂。开幕式上，除了杂志主编贾平凹先生，还有茅盾文学奖获得者陈忠实，以及熊召政、余华等一批著名作家。那天，陈忠实作为陕西省作家协会主席，发表了讲话。由于陈忠实浓重的关中口音，我听明白的不多，但“文学依然神圣”六个字却听得分明。这六个字后来还作为题词送给了我们的文学社。但是，陈老师那高高的个子，黝黑的脸庞，脸上深刻的皱纹，当天他穿着的紫红色的衬衫，讲话时有力的手势，抑扬顿挫的声音，以及他抽烟的招牌动作，却牢牢地刻在了我脑海的深处。

先生走了，头上枕着他的那部厚厚的《白鹿原》；我们却失去了一位“关中的正大人物，文坛的扛鼎角色”（贾平凹语）。

愿陈忠实先生一路走好！

【万福友，深圳市儿童文学学会理事，中国散文家学会会员，深圳市作家协会会员，福田区作家协会副秘书长。作品散见于《中国教育报》《南方日报》《陕西教育》《广东教育》《深圳特区报》《深圳晚报》《深圳商报》《作文通讯》等刊物。曾获全国教师文艺作品一等奖，广东省教育创新论坛一等奖。著有散文集《日月漫笔》。】

陈忠实先生的《白鹿原》的乡村心灵底色

文/王　丹

残照当年乡村事，世间只留《白鹿原》。陈忠实先生去世，正如他所说要留一部垫棺做枕的作品，《白鹿原》当之无愧。

说起《白鹿原》这部书，最开始我对它的印象并不是很好。上学时，有个同学看这部书，我问她借来一观，但开篇白嘉轩娶了七房老婆，这个描写极其大胆，当时的我没看下去。原以为也许是类似王小波那种夸张的笔法后的对世态的嘲弄，却又没有品出味来，于是弃书。

之后，偶然的机会之下我看了《白鹿原》这部电影，张丰毅的表演还是很到位的，但整个影片的思路比较混杂。特别是有关田小娥的那些桥段，感觉没有什么深刻的意蕴。又特别是鹿子霖利用田小娥向他求情，趁其感恩而占有她那段，我有点反胃，从来没看过一部电影让我觉得这么恶心的。后来才知道不是人家书写得不好，而是电影没有拍出原作的本质内涵。

我去看了陈忠实先生的一些访谈，从中得知：他写出皇权失去之后，当时的国人心中还是有着那些陈旧腐烂的根子，而这是每一个乡村中仍烙着的灵魂挣扎的过程。这才让我又有了去看这部小说的兴趣。

我看完小说，才知道这是多么渊博的一部作品。在陕西大地上的那片高原，有着对鹿神的崇拜，生机活泼的白鹿是神灵的象征，会给这片土地上播种生机。鹿过山青，庄稼好长，谷子好收。有人说那是民族的灵魂，我觉得是朴实的乡民们对土地和繁殖的崇拜，这个神灵是一种希望，而事实上，却充满了现实的无奈。

白嘉轩为了传宗接代，更是为了让白家兴旺盛达，用的计法不失村人的憨厚也带着些许的圆滑，他和鹿家盘算田地，两家同舟共济的表象下是各自闷声发大财。那片高原之上种的是罂粟，也就是鸦片烟。这是曾经的历史上发生过的，鸦片烟种在本就上瘾的地方。

朱先生禁烟，将“仁义”两个字盖上，这位重教育的儒士就变成了村里的圣人，可他也挡不了发财的诱惑。作者的笔触一转换，通过“利益就是钱财”并帮投机的李寡妇还账的事，这又转变成了有仁有义的事。这种笔法颇有深意。

费孝通先生在《乡土中国》中写到民间的规矩家法，自有一种代替法律的不可侵犯的意味。而朱先生这位关中大儒订下了《乡约》，经过族长与村规村范相结合，以乡俗的形成进行普及教育，这倒将村汉们变得文质彬彬起来了。都懂了规矩礼法就好管教了，乡村里的人端的是朴实。

风气渐好的时候，偏偏鹿子霖当了乡约，成了新的管事人，赋税过重，并不体恤乡人。这通过白鹿两家之间的暗斗将不同时期的乡村底层人民的悲哀点染了出来。正当白嘉轩和贺家兄弟都出于人情或是权势被县长绊住，想挑头的人都不在的时候，鹿三这个长工在乱七八糟的洪流中被推成了反乡约的头目，真的有点阿Q的精神头，虽然不知道革命是啥东西，先喊一声再说。

等到白鹿两家的后人长大，白灵是才女，但命却不好，聪颖爱问，最后变成白鹿回来看父母。黑娃竟和田小娥变成了一对，只是觉得那旧的教条不合人性，却不知道啥是光明。鹿家的子弟上了新学堂的也没有真正把改变思想做到位，拿着牌子倒做了些不仁不义的勾当。

陈忠实先生用极其细腻的笔法将这段精神史写成活生生的故事，通过小说中的人物反思一个时代的变迁，留给读者几许沧桑，也许这正是雷达先生所评的秘史的意味。无论是重复的劳作下的本色智慧，还是精神的沉闷中受思潮冲击透出的鲜活，都是每一个人在慢慢创变探求出路的呈现。

《白鹿原》中浸润着的是作家的一片苦心，也是这片沉寂而又喧嚣的乡村的心灵流痕……

【王丹，辽宁省散文学会副秘书长。曾获中华诗词研究会、中华书局、中央电视台、光明日报举办的“诗词中国”大赛十一月度创作三等奖。著有长篇历史武侠小说《朝天阙》、历史随笔《武则天登龙记之三十六计》等。】

今天，不念陈忠实

文/魏梦秋

我不是一个爱读书的人，因为高中时数学成绩实在太差，对高数产生了恐惧，不得已才选了文科专业。这个专业属于中文系，我也就顺理成章地多接触了几次有关文学的体验。

老师说，给你们推荐几本大学生必读书籍：《平凡的世界》《白鹿原》《雪国》《老人与海》，还有《活着》……大学的空闲时间太多，又怕被自己荒废掉，只好和室友结伴去图书馆，有时一去就是一整天。

这是一次非常的人生探索。

一本《白鹿原》，宿舍六个人轮流看一遍，晚上熄灯后，我们就着田小娥的奇葩经历开始天马行空地狂侃。也是在这个时候的我，开始思考属于自己的人生。我不知道一个女人的一生是否要和另外一个男人相伴。也不知道是否努力就会有美好的未来。初入大学，一个不冷不热的专业加速了我们对未来的迷茫，想要努力，想要拼搏、奋斗，却也只能在没有方向中放任自我。这个时候的《活着》《平凡的世界》《白鹿原》，简直是救我于水深火热，从《活着》中走出来，才知道活着的真实和不易；《平凡的世界》告诉我奋斗的人生才是值得走下去的人生；《白鹿原》的气势磅礴让我见识了历史变迁，更令我对作者叹服的是，对人物情节及历史事件的糅合、把控，这需要付出多大的心血啊！

令我仰望的，还不只是作者的妙笔生辉，而是对写作的态度。看了太多文人的发迹历程，便自己总结出一条“文人式经验”，自古文人墨客大多始于清贫，殁于放弃，只有在贫苦中坚守熬炼，才能涅槃重生。

于是，我便成了那个早逝者，大学刚毕业便放弃了自己的专业，混迹于商业行当，以糊口度日。

记得网上一篇文章，提到了“路遥：×他妈的文学”和“陈忠实：你懂个锤子”。当时已经名望在外的著名作家路遥和陈忠实的现实尴尬显露无遗，获得茅盾文学奖时的路遥居然没有去领奖的路费，最朴实、耿直的陈忠实会被“外界人士”瞎指挥、乱批评，可见这些事实对他们的伤害有多大，我想一个作家在现实生活中应该是多么的孤独和寂寞。

今年的4月29日，《白鹿原》作者陈忠实离开了这个世界。我听到这个消息一点也不愕然，人吃五谷杂粮，生老病死是大自然的规律。陈老虽去，《白鹿原》精神一直都在，凝聚了陈忠实毕生心血，他应该是活在《白鹿原》里，才会对故事里的情节这么熟悉，才能展现给我们这样一个真实、客观的白嘉轩，白嘉轩才是陈老的精髓和灵魂。想到这里，我才对文人墨客的坚贞感到释然，生时的穷酸和世事的冷漠，当他走上文学的殿堂，站在人生的高度，仿佛这一切才浑然天成。

他的生命更存在于我们对《白鹿原》有限的领悟中……

最近看到一篇文章说：陈忠实走了，我们为什么恐慌？我想应该是因为他抽走了我们这个时代的灵魂，以路遥、陈忠实为代表的这一批实力派作家的一个个离去，文坛再难出更杰出的文学作品。因为我们都生活得太安逸了，安逸到对生命懒得思考。所以，今天不念陈忠实，因为《白鹿原》一直都在，我怀念的，是生活的深度，和生命的长度。

【魏梦秋，笔名舜娘，85后自由撰稿人，曾就职于《知本家》杂志；《云南风情》杂志特约撰稿人。秉着“铁肩担道义，妙笔著文章”的人生理想，混迹于各大媒体，却以孱弱的正义担当和追求告别媒体。追求说走就走的人生格式，却被爱情锁进婚姻的坟墓不能自拔，一头扎进生活，体验诗样人生。】

陈忠实教我写小说开篇第一句话

文/胡文红

看到这个题目你一定会笑：吹牛吧你，陈忠实认识你？你是老几呀！

说实话，陈忠实确实不认识我，而我对陈忠实的认识，则基本只限于《白鹿原》这本小说，从未看过他的其他作品，也没看过根据《白鹿原》改编的电影，只因为我的模仿而牢牢记住了他的名字。

20世纪90年代中期，我那时还在青岛一个商业总公司的工会里工作，由于要创办一个图书馆，购买了大量的当代文学作品，茅盾文学奖获奖者作品更是首选，我也因此跟着过了一把读书瘾。不过，图书太多，不可能一一读到、读完，我就采取筛选的方式，先挑选出获奖作品，再挑选自己熟悉的作家，再看开篇几段，再看作品简介，觉得有看头就读下去。当拿到《白鹿原》这本小说时，一看作者的名字完全陌生，但是，小说开篇的第一句话，一下子就抓住了我：白嘉轩后来引以豪壮的是一生里娶过七房女人。

二十多年过去了，《白鹿原》的详细内容都记不清了，但陈忠实这个名字却因为《白鹿原》被我记住了，而记住《白鹿原》则是因为开篇那一句话，而这开篇第一句话却对我写第一本小说起了至关重要的作用。

十多年前，当我开始尝试写长篇小说《凄凄檐下草》时，开篇如何下笔困惑了我好久，因为我深知，开篇的第一句往往起到提纲挈领的作用，文坛上对俄国的列夫·托尔斯泰的《安娜·卡列尼娜》的开篇第一句"幸福的婚姻都是相似的，不幸的婚姻各有各的不同"赞赏备至，可见开篇第一句的重要性。第一句写不出来后面就无从下笔，后来不知怎么突然想起了《白鹿原》的开篇第一句，于是照猫画虎，写下了我的第一句：家好家政公司的承包人已经换到第四任了。

打破了第一句的瓶颈，后面就流畅自然，二十多万字的小说，用了不到半年的睡觉前的时间（家政工作随时要接待雇主，根本就没有下班时间，也没有公休），就写出了初稿。

由于模仿了一次《白鹿原》，陈忠实的名字就扎根在记忆中了，故4月29日上午，当我习惯性地浏览腾讯新闻时，"《白鹿原》作者陈忠实今晨在西安病逝"这条新闻一下子抓住了我，从不转发腾讯新闻的我却第一时间转发到了朋友圈里。很快，关于陈忠实去世的消息，就铺天盖地地在手机里不断涌现，由此，我也恶补了一下对于陈忠实前辈的生平情况。

陈老师走好！

【胡文红，山东青岛人，1955年出生，讲师职称，中共党员，广东省作家协会会员，深圳市福田区作协理事，深圳市文学会会员，《深圳老年》和《秦风》杂志特约记者，深圳市家乐乐家政服务有限公司董事长、总经理。曾供职于青岛四方机车车辆工厂和青岛工贸股份有限公司。2002年底到深圳至今。代表作长篇小说《凄凄檐下草》《梦断安曼》及散文《我的精神家园》等。其中《凄凄檐下草》2010年起在起点中文网连载；《梦断安曼》于2014年1月在《青岛早报》连载。】

他与《白鹿原》一起活着

——悼念亦师亦友的陈忠实

文/白　烨

尽管已从西安的友人处得知陈忠实在4月28日早上吐血不止，在西京医院全力抢救，我还是希望能人力回天，或老天保佑，让他挺过这一关。4月29日早上，却传来他终于不治而仙逝的噩耗，我不敢相信这是真的。一天时间，人就走了，何以如此匆忙，怎能如此短促？！

去年11月我去西安出差，特意去看望了病中的忠实。他刚动了二次手术，是胸间发现一活动小瘤。交谈中，他时而要拿毛巾擦拭口水，但精神状态还好。他说自己可能没有精力和气力再写作品，身体好一点就练练字。我说，写字好，既可以练习笔力，又可以锻炼体力，先把身体养好再说。当时，《白鹿原》线装版刚刚出书，他签了名送了我一部。交谈时，忠实的夫人和两个女儿都在，我对她们说，我们都不在忠实身边，照顾忠实的事，就全靠你们、依仗你们了，这不仅是为忠实，也是为你们，还是为我们大家。谁知那次匆促的探望竟成诀别。

回想起与陈忠实数十年来的交往，种种往事像过电影一般，交替闪回，历历在目。

20世纪70年代中期，我还在陕西师大中文系上学读书的时候，陈忠实被学校请来做过一次关于小说创作的报告。他那次的报告，结合自己的写作，讲得生动而鲜活，使我们这些初涉文学的学子，懂得创作要如何从生活立足，创作又如何要在艺术上练意。后来熟悉了，我说你给我讲过课，应该是我的老师。他说，这种讲座性的不能算。但在我心里，真是把他当作文学启蒙的老师的。

也是从那个时候起，我就一直关注他，解读他，而他以变又不变的两种形象，让我时而熟悉，时而陌生。

陈忠实总是不变的，是他的沧桑又厚道的老农形象、他的坦直又实诚的质朴为人；而不断变化的，是他的文学追求、他的小说写作。“文革”前就步入小说写作的陈忠实，到了粉碎“四人帮”之后的新时期，有过一段时间的小说写作的井喷式爆发，他的《信任》《徐家园三老汉》等作品以在鲜活的故事、生动的形象中暗含“伤痕”，内含“改革”等多重意蕴，在农村题材小说创作中独树一帜，引人注目。我曾在1982年的《文学评论丛刊》第12辑中以《清新醇厚，简朴自然》为题，对他这一时期的短篇小说作品作评。但在80年代中期，他的《四妹子》《康家小院》《梆子老太》《蓝袍先生》等作品，却让人看到了一个由普通农人的命运反观乡土现实、反思社会历史的陈忠实。这样与时俱进的写作，真让人为之欣喜，为此我又写过《人生的压抑与人性的解放》的评论，为他小说写作的有力突破与长足进取摇旗呐喊。

1988年夏，我因事去西安出差，忠实知道后，从郊区的家里赶到我下榻的旅馆，我们几乎长聊了一个通宵，主要都是他在讲构思和写作中的《白鹿原》。我很为他的创作激情所陶醉，为他的创作追求所感奋，但怎么也想象不出完成后的《白鹿原》会是什么样子。作品完成之后，忠实来信说道："我有一种预感，我正在吭哧的长篇可能会使你有话要说……自以为比《蓝袍先生》要深刻，也要冷峻……"后来，看完书稿的评论家朋友李星也告诉我，《白鹿原》绝对不同凡响。听到这些，我仍然一半是兴奋，一半是疑惑。待到1992年底《当代》选发了部分和1993年4月人民文学出版社出书之后，我完全被它所饱含的史志意蕴和史诗风格所震撼。因而，以按捺不住的激情撰写了题目就叫《史志意蕴·史诗风格》的评论文章，为《白鹿原》拍手叫好。在该年7月于北京召开的《白鹿原》研讨会上，当有人提出评论《白鹿原》要避免使用已近乎泛滥的"史诗"的提法时，我很不以为然地比喻说，原来老说"狼"来了，结果到跟前一看，不过是一只"狗"。现在"狼"真的来了，不说"狼"来了怎么行。我真是觉得，不用"史诗"的提法，确实难以准确地评价《白鹿原》。

关于《白鹿原》，可说的话很多。它以白鹿原上的白、鹿两家三代人的人生历程为主线，既透视了凝结在关中农人身上的民族的生存追求和文学精神，又勾勒了演进于白鹿原上的人们的生活形态和心态的近代、现代的历史发展轨迹，以及其发生的大大小小的回响。在一部作品中复式地寄寓了家族和民族的诸多历史内蕴，具有丰赡的史诗品格，在当代长篇小说创作中当属少有。还有，《白鹿原》在以时间为经、事件为纬的结构框架中，始终以人物为叙述中心，事件讲究情节化，人物讲究性格化，叙述讲究故事化，而这一切都服从和服务于可读性，有关的历史感、文化味、哲理性，都含而不露地化合在引人入胜的艺术魅力之中，比较好地打通了雅与俗的界限。一部作品内蕴厚重、深邃而又如此好读和耐读，这在当代长篇小说中亦不多见。这些突破，使得《白鹿原》把陈忠实的个人创作提高到了一个新的艺术境界，也把当代长篇小说的现实主义创作推进到了一个新的时代高度，从而具有了某种标志性的意义。我曾在《九部作品看茅奖》一文中，对《白鹿原》获得第四届茅盾文学奖作了这样的评说："第四届茅盾文学奖选择了《白鹿原》，在慧眼识珠地彰奖作者陈忠实的同时，也使茅盾文学奖自身的权威性得到有力的增强，拥有了切实的佐证。"

还有一些与《白鹿原》有关的事，想起来也颇为有趣。忠实为文之认真执着，为人之质朴诚恳，都于此可见一斑。

我曾陪同陈忠实去领过一次稿费。那是1993年的四五月的某天，忠实到京后来电话说，人民文学出版社发了《白鹿原》的第一笔稿费，是一张支票，有八万之多，要去朝内大街的农业银行领取。他说他没有一次拿过这么多钱，地方也不熟，心里很不踏实，让我陪他走一趟。我们相约在人民文学出版社门口见面后，一同去往朝阳门附近的农业银行，那时还没有百元大钞，取出的钱都是十元一捆，一个军挎几乎要装满了。我一路小心地陪他到位于沙滩的宾馆，才最终离开。

《白鹿原》发表之后，因为创作中内涵了多种突破，一时间很有争议。而这个时候，正赶上第四届茅盾文学奖的评选。《白鹿原》是这一时期绕不过去的作品，但评委们因意见不一，在评委会上一直争议不休，相持不下。时任评委会主任的陈涌偏偏喜欢《白鹿原》，认为这部厚重的作品正是人们所一直期盼的，文坛求之不得的，于是抱病上会力陈己见，终于说服大部分评委，并做出修订后获奖的重要决定。忠实来京领奖之后，叫上我一起去看望陈涌先生。陈涌先生很是兴奋，一见面就对忠实说，你的《白鹿原》真是了不起，堪称是中国的《静静的顿河》。并告诉我们，他找的保姆也是陕西人，让我们午饭别走，就一起吃陕西面。因为先生身体不好，不能太过打扰，我们聊了一会儿就找借口离开了。此后，忠实每次到京出差或办事，我们都会相约着去看望陈涌先生。去年，陈涌先生因病去世，我打电话告诉忠实后，他半天沉默不语，感慨地说，老先生对我的首肯与支持，对我的创作所起的作用无与伦比。你一定代为转致哀思，向家属转致问候。在陈涌先生的追思会上，我替他转达了他的哀思之情与惋惜之意。

小说《白鹿原》发表之后，先后被改编为各种形式的作品。其中的一次是2007年间，受陈忠实之邀与他一起在京观看了舞剧

《白鹿原》。小说《白鹿原》原有的丰厚意蕴，在舞剧中被提炼为一个女人——小娥和三个男人的情感故事，由小娥的独舞和草帽舞等群舞构成的舞蹈场景，使剧作充满了观赏性，但总觉得那已和小说《白鹿原》没有太大的关系，已被演绎成了另外的一个故事。在观剧之后的简单座谈中，有人问我有何观感，我说作品从观赏的角度来看，确实撩人眼目，煞是好看，但基本的内容已与《白鹿原》关系不大。而宽厚的陈忠实则补充说：舞剧《白鹿原》毕竟是根据小说《白鹿原》改出来的，还是有所关联。

还有在电影《白鹿原》上演之前的2011年，陈忠实说电影已做好合成样片，要我找几位文艺界人士抽空先去看看。我约了何西来、周明、李炳银等在京陕西文人去了王全安的工作室，从晚间8点一直看到半夜12点。影片中，迎风翻滚的麦浪，粗狂苍凉的老腔，使浓郁的陕西乡土气息扑面而来，张丰毅饰演的白嘉轩也称得上筋骨丰满，但在围绕着小娥的特写式叙述和以此为主干的故事走向中，电影在改编中有意无意地突出了小娥的形象，强化了小娥的分量，把小娥变成了事实上的主角，并对白嘉轩、鹿子霖等真正的主角构成了一定的遮蔽。观影之后，与陈忠实通话谈起电影，他问我看后的印象，我说电影改编超出了我的想象，总体上看是在向着小说原作逼近，但不知出于什么原因，使小娥的形象过于突出了，因而把情色的成分过度地放大了。陈忠实听后稍稍沉思了一阵，随即表示说，你说的确有道理，我也有同样的感觉。

这些年在小说写作上，陈忠实以短篇为主，没有再写长篇。我曾给他开玩笑说过的再弄一个《白鹿原》似的“枕头”的话，一直也没有兑现。但在心里，我却是由衷地纫佩他的。他没有借名获利，更不急功近利，他按照自己的节奏在行走，也是按照艺术的规律在行进。但他和他的《白鹿原》，却构成了一个戥子和一面镜子。这个戥子可以度量何为小说中的精品力作，这个镜子可以观照何为文学中的人文精神。

忠实的有生之年，在七十四岁上戛然而止，这实在算不上是高寿。但这七十四年里，从他于1965年3月发表散文处女作《夜过流沙沟》起，他把五十多年的时间用于对文学理想的追逐、文学创作的追求，而且在不同的时期都留下了有力攀登和奋勇向前的鲜明印迹，直至完成经典性小说作品《白鹿原》，为当代长篇小说创作矗立了一座时代的高峰。可以说，他把自己的一切，都毫无保留地投入给了文学，奉献给了社会，交付给了人民。他以“寻找自己的句子”的方式，看似是在为自己立言，实际上是以他的方式为人民代言。他是我们这个时代最具生活元气和时代豪气的伟大作家，真正做到了“无愧于时代，无愧于人民，无愧于历史”。

因为写作出了“传得开，留得下，为人民群众所喜欢”的《白鹿原》，陈忠实也借以留下了自己的思考、自己的情感、自己的精神。从这个意义上说，《白鹿原》始终镌刻着陈忠实的英名，他与《白鹿原》一起活着，他与我们同在！

【白烨，男，1952年6月8日出生（农历五月十六日），汉族，陕西黄陵人。中共党员。1975年毕业于陕西师大中文系，在本校留校任教，1979年调至中国社会科学院下属的中国社会科学出版社，1999年调至中国社会科学院文学研究所。曾任中国社会科学出版社文学室副主任、主任、总编辑助理，现为中国社会科学院文学研究所研究员，《中国文学年鉴》副主编，中国社会科学院研究生院教授。兼任中国当代文学研究会常务副会长、中国文学理论学会理事。国务院特殊津贴享受者。】

我与陈忠实：不得不说的那些事

文/白来勤

2016年4月29日，清晨一到单位，见微信圈有消息称：著名作家陈忠实今晨7：40在西京医院去世，享年74岁。

我怎么也不敢相信自己的眼睛，遂打电话问与先生关系非常亲近的灞桥区文化馆馆长峻里老师。峻里老师说，昨夜还在抢救，早上7点他看着从手术室送入病房的，他刚刚回到纺织城准备吃早点。估计情况不太好。

不一会儿，相关消息手机满屏飞，央视记者李志采写的消息《著名作家陈忠实去世》也在搜狐网播出了，看来事情是真的。想着先生生前对我的关怀和鼓励，我的喉头几度哽咽，泪水在眼眶里打转转，往事历历浮现眼前。

先生生前曾多次在我的家乡新筑镇讲课，我也多次前往聆听。令我感动的是1990年秋，25岁的我与文友羽佳书馆馆长翟孝章等办了一个“滋水波青年文艺社文学讲习所”，主要参加人员为中学生和农村的写作爱好者，翟孝章与我作为主讲对学员进行文学创作普及。为了提高大家的文学鉴赏水平和创作能力，我们抱着试试看的心理斗胆邀请陈忠实先生为大家授课。当时我们寂寂无名，搞创作全凭一股热情，虽在报端刊尾发过一些小文章，但只是井底之蛙，有小名气没大名堂。由于听过几次先生的讲课，也有小东小西请求过先生指点，彼此不算太生分也绝对不是多么熟悉，没想到先生却很给我们这些“乡间飞来的麻雀”面子，竟放下正在创作的长篇小说《白鹿原》，答应前来设在当时还是穷乡僻壤的新筑乡围墙小学的文学讲习所来为学员授课了！先生要来授课的消息一经传出，小小的村落立马沸腾了，大家争相前来听课，原本计划50人的规模，最后来了近200人，不少人托关系要门票聆听教诲，一些人还站在教室外听讲，成为我们讲习所最为值得自豪的回忆。

由于我们那时都很穷，没有能力为先生提供舒适的交通工具，临时借了一家单位的一辆勉强可以乘坐的面包车接送先生。讲完课先生连饭都没有吃就匆匆返回白鹿原下的西蒋村，当我们要支付先生那少得可怜的讲课费时他怎么也不肯收，还夸奖我们能在别人都向钱看的时候追求精神富有，在农村搞写作培训的精神难能可贵，鼓励我们把好事办好，令我们心里既高兴又不安。高兴的是我们的作为得到先生的肯定，不安的是唯恐做得不好令先生失望。在先生的鼓励下，我们认真对待每一期讲习所的学员，竭力为大家提供帮助，促成不少学员在公开媒体上发表了作品，为灞桥区的文学创作队伍注入了新鲜血液和后备力量。

1991年，我有一部诗集准备出版但一时不知该找哪家出版社联系，文化馆的峻里老师把我的困惑告诉了先生，先生为此专门给陕西人民出版社的陈思常老师写了份推荐信，让我和陈思常老师联系相关事宜，还为我的诗集题写了书名《圣像与阳光》。虽然后来由于种种原因我的诗集并未出版，但先生提携后学的风范却给人留下深刻的印象。

发表稿件是年轻人感到很兴奋和梦寐以求的事，我年轻时也一样。为了发稿我曾不知天高地厚地将稿件直接寄给先生。先生接稿后总是认真批阅修改后，或推荐出去或退回我修改。我的一篇散文《秋山感悟》经先生推荐由丹舟（郭树兴）老师编辑首发《西安日报》，后经润色被《散文百家》登载，还入选《浙江省2011年高考语文模拟试卷》，我的诗歌《旅途》也是经先生推荐刊发在《延河》杂志的。

先生提携后学，却对名利非常淡泊。他为我的婚姻社会问题长篇小说《情殇何痛》（后名《雨霖铃》）题写书名、为我主编的灞桥区诗词楹联学会会刊《灞上·诗词楹联》题写刊名都是分文未取。在我的社会家庭问题长篇小说《情殇何痛》出版前，一天晚上我给先生打电话，想让先生给写几句话，当时先生正在北京参加政协会议，他说手头积压的请求作序的书稿很多怕误我的事，我便恳请先生题写书名，先生愉快地答应了。先生从北京回来后，很快为我题了书名，并打电话告诉区文化馆的峻里老师让我到省作协杨毅老师处取题词，只字未提润笔费的事。

2002年春，“龙之声”国际文化艺术节在河北省西柏坡举行，先生应邀作了题为《文学依然神圣》的演讲，大受与会者和广大读者追捧。艺术节期间，我与陕西作家韩星海、郭潇、赵养科等与先生聊天，先生首先问几位作家生活安排得怎么样、靠什么为生？并告诉我们要把生活安排好再写作，不要想靠写作赚钱养家糊口。当得知我们几个衣食无忧时，先生高兴地说：“这就好这就好，这样写作起来就没有后顾之忧了！因为文学这玩意儿虽然神圣，但对一般人来说并不能当饭吃，只有生活安稳了才能保证你爱好的延续。”

尤其令我感动的是我与文友翟孝章在先生获茅奖后的1998年初共同创作了一篇宣传先生的文章，由翟孝章创办的《每日创编工作室》向全国各地推送。当《喜剧世界》杂志的一位编辑接到文稿欲编发前拿着稿子到先生处征求意见，文中的一些措辞有些失当甚至有损先生声誉，引起先生不快甚至恼火。先生遂打电话给区文化馆的峻里老师，要求我将发往各地的稿件悉数收回，当他的面焚毁！当消息传来时，我等甚是委屈且惊恐。因为其一是当时很幼稚的我等深感绝无伤害先生之意实想锦上添花，完全没有顾及先生的感受；其二是彼时我正在申请参加省作家协会，先生一句话足以让我永远在作协的大门外徘徊、令我加入作协的事化为泡影。我等迅速按先生的意思办理，急电相关媒体停发该稿。当时不少报刊为抢先机已决定采用此稿甚至已排版签发，接到我们的加急电报只好撤稿，有的报刊还不死心，追问我等是何原因、能否修改一下刊发？为不再忤逆先生意愿，我等只能顾左右而言他，但就是一点不能改变：坚决不能发稿！当然我不可能收回发往全国各地的文稿，但却完全控制了此事，使之未能造成更大范围的影响。盛怒之后的先生是怎么想的我们自然不得而知，也不敢再问，只觉得我加入省作协的事估计没戏了。

令我意想不到的是省作协在1999年初却发来通知让我到作协去办理入会手续领取会员证，看来先生并不像我想象的那样小肚鸡肠，完全是一派大家风范！当我忐忑不安地走进作协大院，首先想到的是要去拜谒先生，向他致歉。我怀着极为复杂的心情踅进先生的办公室，先生好像把一切都忘得一干二净似的，对我嘘寒问暖，当得知我的来意时呵呵一笑，说没有什么不必放在心上，以后做事要注意分寸，最好和当事人沟通一下。“好在是你们遇到了我这位乡党，不然别人不会那么客气的！”还谈到高陵县的一位业余作者冒用他的名字投稿甚至获奖他都未予追究，他觉得初学写作的年轻人不容易，要正确引导。当得知我还是来办理入会手续事宜时，先生热情指路，说：“李秀娥老师就在旁边办公室，你赶紧去，她在专门等你们这些新会员办手续呢！”

上述“宣传文稿事件”也造成很长时间翟孝章觉得不好意思见先生的面。后来，翟孝章办了一家作文学校欲让先生题写校名牌，因有心病在前，他不敢直接找先生说，便找我想办法联系牵线，并准备了丰厚的润笔费。当前往取题词时，他心里很不踏实，唯恐先生知道是他的事或提及往事令人难堪。谁料见到先生后，愉快的往事如数家珍，不快的过去一笑了之，先生对年轻人的莽撞行为大度地宽容，还鼓励翟孝章好好办学勤奋创作，不要有思想负担，并当即为翟孝章的巨笔作文学校题词“作文改变人生”。临了，翟孝章拿出润笔费要给先生，先生说什么也不收，还说：“咋都拿钱说事呢？连一点情分都没有了？别说是乡党，还是同道呢！为文化事业做点儿微薄贡献，我是不收任何费用的。”当翟孝章提出让先生多少收点润笔费时，先生真的生气了：“再提钱就不要拿我的字了！”和二十多年前不收我们的授课费态度一样坚决。拿着先生的题词，我与翟孝章只觉得一股暖流涌上心头。

先生把手中那支纤弱的笔，放在弘道扬义、反哺社会、奖掖后学的天平上，让追名逐利的投机者，蓦然失去了重量；先生把那本可以做枕头的书，放在文学艺术的天平上，让许多著作等身的写手，顿时失去了重量；先生把关中平原一段乡村故事，烹饪得色香味美令人垂涎，放在地球村的文化餐桌上，让世人尽情咀嚼、品啖，不论美食家还是普通食客，都用味蕾发出由衷的赞叹。这口碑，令这奖那奖的含金量，黯然失色不再光彩绚烂……

此刻，灞水两岸如串铃般的槐花开得正盛，煦风微拂兮，洁白、清香的槐花，使出浑身的气力，摇响振聋发聩的铃铛，迎接先生魂归故乡；白鹿原上下如宝石玛瑙般的樱桃此刻正在成熟，夜幕降临兮，晶莹、璀璨的樱桃，点燃一盏盏多情的灯笼，为先生把归家的路程照亮。

先生走了，他爽朗如铙钹的笑声仿佛仍响在我耳畔，他那七沟八梁一面坡如白鹿原般的面容仍浮现在我眼前，遥望白鹿原，辽阔、雄浑、高远，翻开《白鹿原》，深沉、厚重、璀璨！那是当今无人逾越的高原，那是先生灵魂的家园！

愿先生一路走好！

2016.04.29上午10：30分，悲痛中于鹞子岭

附：仰望大师

——悼念陈忠实先生

你把手中那支纤弱的笔
放在弘道扬义的天平上
让追名逐利的投机者
蓦然失去了重量

你那本可以做枕头的书
放在文学艺术的天平上
让许多著作等身的写手
顿时失去了重量

你把关中平原一段乡村故事

烹饪得色香味美令人垂涎

放在地球村的文化餐桌

让世人尽情咀嚼、品啖

不论美食家还是普通食客

都用味蕾发出由衷的赞叹

这口碑

令这奖那奖的含金量

黯然失色不再光彩绚烂

【白来勤，中国金融作家协会会员，陕西金融作家协会理事，陕西省作家协会会员，灞桥区作家协会常务副主席，著有散文集《生命礼赞》《墙缝芦苇》，西部风情系列小说《紫禁城里哟呵嘿》，长篇小说《雨霖铃》及社科专著多部。】

写给心底的圣殿

文/冯红梅

这个世界是拥挤不堪的。现实与网络已经相互融合，我茫然不知所措，索性关闭网络，让心安宁一会。

一整天的时间，都在惊愕与感伤中度过，眼睛总是湿漉漉的，心里说不出的揪着难受。因为在这样的情况下，我是一个微小的，没有什么资格和权利说话的人。这是一个灰色的日子，虽然阳光灿烂。可是心里被雨打湿，他走了，先生走了！

他是谁，大家都知道，都认识，都悲伤不已，都捶胸顿足，不舍他走。他是文坛巨星，天之骄子。我早就想认识他，靠近他。因为我捧着他的书，想逮住那头活泼的白鹿，想走进那原上，真正踩一踩书中厚土……那会儿我看得真是辛苦，我得要问问明白……因为不太能够理解那些语言，我把自己当作游客，在白鹿原上瞎晃悠。这让我想起初中的一个暑期，我捧着曹雪芹的《红楼梦》。大概是刚上初中，对里面的诗词甚是难懂，却因喜欢里面的故事和景儿，于是就像刘姥姥进了大观园，好奇地转悠着，一连转悠了一个暑期。记得那个暑期特别长，有两个月之久，我横躺在地面的竹席上，翻过来侧过去，看了三遍，意犹未尽。《白鹿原》耗费我大约也有两个月的时间，仅仅只是一遍，看得头疼，如诵《金刚经》，艰难却舍不得丢手。那时候我就记住了作者——陈忠实。从来没有一次阅读，能够在第一印象记住作者。而阅读《白鹿原》的时候还不知道自己也会成一个作协人，那会儿只是一个阅读人，喜欢看那个《四妹子》的人。

2015年1月8日，武功县作协成立，我有幸成为一名作协人。忽然有一天就想，这位陈忠实先生，是省作协人，我一定会见到他。我确信。作为一名作协人，你得发表文章，常智奇先生在作协成立不久便过来给我们做了讲课，他说过这样的话，发表才是硬道理，用文字说话。我便记住了，开始了自己的投稿“生涯”。不知不觉也有数篇见报，有了信心。我在想，等我成为一个市作协人，我是不是就会距离陈忠实先生更近一步了。从来没有想过要结识哪位先生，因为我只是一个小学生而已，“先生”于我高高在上，只能仰视，敬慕。我尊称所有文学老师为“先生”，却不知道为何就要想见陈忠实先生。

我努力写作，报班学习，努力发稿，键盘敲打出的方块字一个一个变成铅字在飞。我又想起了刘姥姥，想起那个令她炫目的大观园。我知道，文学的大观园已经向我敞开了大门，我和刘姥姥一样在里面转悠，带着醉意，跌跌撞撞，但是我已经获得了喜悦，深深陶醉，还有那头白鹿，我要逮住它。

2016年4月，我成了一名市作协人。第一个念想，就是可以很快见到陈忠实先生。我不明白自己为什么会那么幼稚和固执，非得这样去进行。完全可以上前叩门，可以带上礼物去拜望，我知道他会和很多我知道的先生一样接待来访，并且同他们一样给予来访者开悟和亲切聊天。我却固执地艰难地一步一步想走近先生，就像一年级升二年级，二年级升三年级那般一步一步升级。省作协是我的目标，因为我知道先生是省作协主席，假如我成为一名省作协人，那个时候就有资格了，就可以去先生的跟前，真真切切聆听他的指导。再听一听他那个白鹿原里的故事。我是个笨拙的人，一个不接地气的人，那里面很多故事还没有看懂。我想先生要是给我讲一讲，那一定是极有趣的，可以听懂的。我从来没有奢望走近作者，因为觉得他们只能令我仰视、敬慕、敬畏。我敬畏作者，如同敬畏文字那么虔诚。

我努力写作，我仅仅是一个对文字有着特别喜好的人。从小喜欢。但是没有人专门指导我，我是信马由缰地凭着手写本心的牵引，凭着对文字的依恋一路写来。想着很快就可以见到陈忠实先生，不觉心里美滋滋。

天有不测风云，我的美滋滋的感觉还缭绕在我的心头，刚刚写完一篇文章，就看到一行字在荧屏上跳跃：陈忠实于晨7：40因病抢救无效在西京医院去世，享年七十四岁。噩耗如炸雷一般惊愣住我：陈忠实先生走了！不可能！不可信！我固执而无助地问着杨焕亭老师，我同样尊敬的先生。他说正在核实。我脑子里一片混乱，涌现很多种原来是虚惊一场的情节。我不敢看手机，偷眼瞄着，每个群里忽闪的都是惊愕，都是震惊，都是不相信……

最后一切假设被摧毁，这是一个残酷的事实。七十四岁，我父亲的年龄。我悲哀无助。也就在7：40这个时刻之前我刚刚写完一篇有关思念父亲的文章。我不知道想要表达什么意思，我只知道我用五年的时间守望，守望那一刻的到来。那一刻很近了，先生却走了，给我留下这么大的空白，如一个填空题，再也填不上答案。

我知道，我没有资格向文字哀叙，哀叙我的无助与悲伤。先生恰巧与父亲同岁，我便没有觉得他是高高在上的人，如同父亲，平易近人。虽然他是中国作协副主席，茅盾文学奖获得者；虽然他有如《白鹿原》《告别白鸽》等等著作，但是，对于我这个很卑微而渺小的人来说，他更像是一位长辈，一位挚爱文字、扎根乡土的文学学者。他就如一盏灯，引着我逶迤而来，含着诱惑，领我如刘姥姥一样在文学的大观园里徜徉，我仿佛应了承诺，守护一份预约，期待与先生面对面促膝而谈，谈谈让他不要再抽那个雪茄，太呛；谈谈多去休闲不要再把自己身体不当回事……细细想来，却没有设想到谈及文学，这天大的事情竟然没有设计进去，我哑然失笑。要是能够聆听先生的“谈一谈，聊一聊”，我已足矣，因为，先生本就是一部书，一部厚重的书，里面写满正直，肝胆侠义，字里行间跳动的是文者其人的经典。我还要什么，先学会先生的做人，再谈及去作文章吧。

我来了，先生走了。我带着未能了的心愿来了，那个心愿有无数的敬仰，如今只能化成虔诚，含着悲伤。

我来了，先生走了。我还说这几天要去《白鹿原》里那个原上走走，踩一踩厚土，看看能否逮住那只白鹿，吻一吻它的项颈，告诉它我终于来了，逮住了它……

【冯红梅，武功县人。武功县作协理事、咸阳市作协会员、陕西省诗词协会会员、当代微篇小说协会会员。作品发表于《咸阳日报》《陕西诗词》《本溪晚报》《牡丹晚报》《昆山日报》《南京日报》《国际日报》《中华日报》《群众文艺》《作家文苑》《现代作家》《楹风》等报刊，部分作品入选2015—2016年《中国微篇小说年度最佳》，2015—2016年《中国闪小说年度最佳》、《二十八家微篇小说》，2015年《武功年鉴》。其中《作秀》获得“远近杯”2015年中国第一届微篇小说大赛优秀奖，《漂亮嫂子》《第305室招聘室》获得“中财论坛”微篇小说大赛一等奖，《做城市的主人》获“国土杯”咸阳千字散文大赛优秀奖，《说明书》获得2016年“明森杯”中国第二届微篇小说大赛铜奖，等等。】

向一颗伟大的灵魂致意

文/梅淑兰

四月被称为是人间最美的季节，您选择在这个季节枕着《白鹿原》走了。没有等到五月的到来，您的生命永远定格在了人间最美的四月天。

4月29日，一个很平凡很普通的日子，一早便传来了先生离世的消息。一时间，先生的名字在各大媒体如潮水般涌动起来，但我似乎没有任何的思想准备来接受先生已离去的事实。因为早已习惯做先生遥远而忠实的读者。

记得读《白鹿原》时，正值读大学。

小说封面是一个普通得不能再普通的老农形象，但一看小说的开头部分，便被深深吸引一头栽了进去，好长一段时间都没能出来。那些日子，厚厚的一本书，天天捧在手上，不分白天黑夜，日夜颠倒地看，既想很快看完却又舍不得那么快就读完。好在这本书够厚够长，白嘉轩、鹿子霖、鹿三、朱先生这些人物，还有黑娃、白孝文、田小娥、白灵这些人物一时成为我天天见面的朋友，他们的性格和跌宕起伏的命运使我将自己完完整整地融入《白鹿原》的天地里去了。

真是读得如痴如醉、酣畅淋漓，这样似乎还不满足，那些日子，捧着小说看到同学便问：读《白鹿原》了吗？我们来讨论讨论如何？对方说没看，我便不厌其烦地将故事从头开始讲了一遍又一遍。尤喜欢小说中朱先生这个人物，他几乎被先生塑造成“男神”一般高大完美的形象。一时间，我将生活中所有认识的男性与之相比，他们都黯然失色，无法比拟。还有白嘉轩、黑娃、白孝文、田小娥、白灵这些人物，尽管他们各有缺点，但性格各异，丰富而又丰满，真实可爱至极。

读罢小说，我对“陈忠实”这个名字充满了浓厚的兴趣，四处搜索他的小说来读。当然，读到最后，我感到先生其他任何一篇小说都无法与《白鹿原》相提并论。从此，这部被称为“五十年民族秘史”的《白鹿原》便像汉语文学殿堂里一座高峰尘封在了我美好的阅读记忆中。

不仅国内的读者喜爱《白鹿原》，国外的评价也极高，一致认为这部作品是渭河平原近现代五十年变迁的雄奇史诗，一轴中国农村斑斓多彩、触目惊心的长幅画卷。甚至有评论家说，“陈忠实先生所著《白鹿原》，为一代奇书也。方之西欧，虽巴尔扎克、斯丹达尔，也未肯轻让。”西方学者评价说：“由作品的深度和小说的技巧来看，《白鹿原》肯定是中国当代最好的小说之一，比之那些获得诺贝尔文学奖的小说也毫不逊色。”

对于创作了一部如此鸿篇巨著的大作家来说，他及他的作品就像是一座丰碑，永久屹立在读者心中，他和他的作品也更像是一面旗帜，永久飘扬回荡在读者心中。我已习惯了做先生远远的读者，是千千万万个热爱他的读者中的一员，先生的名字，一直就静静地深深地嵌入在心中的一隅。

只是我们不得不面对这样一个事实，再伟大的人物他的生命也会随着寿命的终了而随时离开。当得知先生罹患的是舌癌，一年多前即被查出，查出来就是晚期。面对这样的结局，心中还是无法释然，甚至感到了心痛。想想人生真是够狠够残酷，疾病岂止是无情，一个作家不让他说话，不让他交谈，那该是何等残忍！好在作家还有笔，不能说还能写，只是到了最后的阶段，笔也无法表达先生的意愿了。

文学是一条饱蘸泪水充满坎坷挫折和遍布荆棘坑洼泥泞的不寻常之路。记得国外一名著名作家说："文学，只有傻瓜才会爱上她！"一语道破了文学创作的艰辛和健康不对等的得不偿失，同是陕西的作家路遥就因过分刻苦潜心创作而失去健康并负债累累英年早逝，如今先生也患舌癌长辞人间，都给世人留下惋惜和慨叹……

一个民族伟大的书记员走了。走得如此怆然！犹记得先生在送别路遥时所说的："我们不得不接受这样的事实，无论这个事实多么残酷以至至今仍不能被理智所接纳，这就是，一颗璀璨的星从中国的天宇间陨落了！一颗智慧的头颅终止了异常活跃异常深刻也异常痛苦的思维……"而今天，我们也以同样的话来送别先生。

先生走了，而作品留下了。那是他用生命铸起的一座汉语文学高峰。先生走了，《白鹿原》还在，《白鹿原》活着，永远活在读者心中。向先生这枚伟大的灵魂致意！

【梅淑兰，中国散文学会会员、深圳市作家协会会员、深圳市福田区作家协会理事。曾任企业内刊主编多年。曾在各类报刊发表散文、随笔300多篇。著有个人散文集《素兰幽香》。】

与忠实兄最后的日子

文/莫　伸

尽管思想上早有准备，但是猝然得知忠实兄的离世，还是愕然，还是震惊。

在陕西文学界，我和忠实兄算是走得比较近的同辈作家之一。究其原因，一是新时期文学发轫，我们基本属于同时起步的，这就天然地存在着走近的际缘。二是这么多年来，我们对人对事的看法基本一致，性格上比较投缘。除此而外，我们共同的工作是写作，也有一些共同的朋友，这就无形中比一般人有更多的接触机会。记得前几年一次春节聚会，人很多，忠实兄上台讲话。提到了诗人子页和我。他和子页三十多年前在榆林开会时曾经摔过跤，掰过腕子，还亦庄亦谐地拜过把子。那天他夸奖子页年轻时潇洒英俊，让他非常羡慕。提到我时也有褒奖。但最重要的一句话是："这么多年来，莫伸一直把我叫忠实兄。我比他大几岁，他这么叫我亲切，也合适。"

所以，我还是以兄相称。

和忠实兄交往约四十年，想写和可写的东西很多。但许多话需要沉淀后慢慢说，我还是从距离最近的、他患病这最后一段时间说起。

此前，至少近二十年了，我们——这包括忠实、子页、商子雍、商子秦、朱文杰、丁晨、冷梦、陈若星，以及年轻些的张金菊、张艳茜和其他行业一些说得来的朋友们，每年总要在一起吃吃饭，见见面。一般聚会是由我出面召集，聚会的次数依时间、人员和具体情况而定。但是2015年，是我和忠实兄四十年交往中见面最少的一年。

2015年春节过后，《当代陕西》杂志社社长张金菊依照约定俗成的惯例打电话给我，说春节过了，大家是不是应当在一起聚聚了？我说好呀。别人估计没问题，忠实兄的时间比较紧，你先联系和确定他的时间。过了一会儿，金菊又打来电话，说陈老师身体有些不舒服，不能参加了。我问是怎么回事？金菊说详情她也不清楚。陈老师只是说他口腔出了些毛病，像是有溃疡什么的。

那时，说过也就带过，没有往心上放，只以为是普通的小毛病。

记得当时金菊转告忠实兄的回话是：过一阵吧，等我身体好些了咱再聚。

不料这一等，从此再没有了机会。

这期间，我丝毫没有感觉到他的病情，还先后麻烦了他几次。比如请他为朋友的作品写几句话，比如请他为朋友题词写字，而且从来都是电话中说事。真正去取稿取物，都是学生代劳。有一回，我的学生齐安瑾和韩红艳又去找他取签名（她们多次去过忠实兄在石油大学的工作室，也多次讲到过忠实兄在那里的工作情况和环境），后来她们告诉我，那天由于大门紧锁，忠实兄是从楼上把钥匙扔下来，让她们自己开门上楼去的。今天回想起来，我心里很不是滋味，事实上那时他已经患病了啊！

真正知道忠实兄患的是重病，是去年下半年，是张艳茜告诉我的。张艳茜说陈忠实的病不是口腔溃疡，而是癌症。我大吃一惊，当晚就给省作协杨毅打电话询问。杨毅是作协机关的干部，也多年来始终默默地兼任着忠实兄的“秘书”和“司机”，他对忠实兄的情况知道得最清楚。

杨毅告诉了我忠实兄的具体病情，说他患的是舌癌。目前病情不太好，正在化疗。

我问杨毅：他现在说话怎么样？

回答：还可以。就是人瘦得很，体力不行。

我问杨毅：这两天我去看看他，你觉得怎么样？

杨毅犹豫了一下，说：最好再过一段，等化疗这段时间过去。老陈这一段时间心情不好，不想人去看他。

我默然。也理解一个人这时候的心境。

再下来，我把忠实兄患病的情况告诉了好朋友王海江。王海江是原西安交大医学院党委书记兼常务副院长，也是一位我非常尊敬的、心地善良的作家。2015年他出版了自己的第二部长篇小说《漩水湾》，小说封底印着唯一的一段推荐语，就是忠实兄写的。王海江和他的夫人都是“文革”前医学院的大学生，又都是中国改革开放后最早赴美国留学的医学人才，得知陈忠实患了这样的重病，他很吃惊也很沉重。当晚反复思索后，他给我打来电话，说他有位同学，是当年哈佛医学院进修回来的，也是西北地区治疗这方面疾病的权威。他问我需要不需要把忠实兄的病情告诉他这位同学，必要时请他帮助出些主意。

我说好吧，我可以转告。

放下电话，我却没有转告。忠实兄得了重病，大家都为他担心，这种心情完全可以理解。但是具体到怎么治疗，这却不是个简单事。他的夫人，他的儿女肯定会比别人更多地了解病情，也一定比别人对治疗方案思考得更扎实更周密。就一般而言，我最好的选择就是不去干扰。

但是心里却总是放不下这件事。

翻来覆去地滚沸了几天，我还是给杨毅打了电话。

之所以下决心给杨毅打电话，是因为我对海江兄长的为人非常敬重，对他的话非常信服。此前我的另一位《人民日报》社的朋友患病住在第四军医大学，海江兄长和这位朋友是中学时代的同学，他多次前往探视，在详细了解了这位朋友的病情后，很快做出了自己的判断。他直言不讳地告诉朋友的夫人，病发现得迟了，已经无法医治，请务必做好善后的思想准备——就一般而言，这样一种直言不讳的坦率已经比较难做到，但更难做到的还在其后：这位朋友身边的一些朋友出于好意，纷纷献策，甚至建议花许多的钱去请所谓的“神医”，在这个关键时刻，王海江旗帜鲜明地表示了自己的态度：不可取！不赞成！王海江认为：这既无助于这位朋友病情的治疗，又极有可能上当受骗，使家庭和病人徒受折损。那天他亮明态度时，我就在身边，全部目睹了他力排众议的行为。坦率地说，这种对人对事之坦荡、之真诚、之负责、之科学，是生活中罕见的。

我给杨毅打去电话，将王海江的意思告诉了他，同时请他选个适当的时机，不仅征求忠实兄本人的意见，也征求忠实兄家属的意见，是否需要？

杨毅说：放心。我会的。

接下来，日子缓缓地却又是匆匆地流逝。转瞬就进入了2016年。此间我和妻子去广州带外孙。春节前夕，突然杨毅打来电话，说忠实的病情还是不好。经过全家人商量，准备咨询一下王海江和他的专家朋友，听听他们的想法和意见。

我当即给王海江打去电话。

电话打去，很快就有了回音。两天后的晚上，王海江给我打来电话。电话中他口气凝重，说：“莫伸，我把情况告诉你，你听了不要沉重，有些事情不是人力所能挽回和改变的……”

那天晚上，我们足足通了一个多小时的电话。海江兄长详细地告诉我了有关忠实兄的一切，并且告诉我两点结论：

一、第四军医大学诊治的方案完全正确，无可挑剔。

二、这个病预后不良，请在适当的时候，用适当的方式告诉家属，尽量满足忠实兄的需要，让他在生命的最后阶段尽可能地减少痛苦。

此前，尽管多少知道忠实兄患的是癌症，但内心里总还是抱有一丝缥缈的幻想，期望着在现代化的医疗手段和权威专家的治疗下，能够出现奇迹。但是海江兄长的话使我明白了，这是不能够的。

那天晚上，我吃了两片安定入睡。

这之后，春节来临。

大年三十晚上，问候祝福的微信和短信不断。我一边看着央视的春晚节目，一边应酬不及。直到凌晨一点多才休息。第二天全家人在一起欢欢乐乐地过节。完全是鬼使神差，我突然想到，应当给忠实兄发个短信。

说起来难以置信，我和忠实兄交往这么多年，也经常发短信，但是过年过节却从来不发。再就是只有我发短信，他从来不发。原因在于他不会发。据我和他的接触，忠实兄的手机总共只有三项使用功能。一是打电话，二是接电话，三是看短信。我曾经给别人讲过他使用手机的一个笑话。有一天他给我打来电话，说：“莫伸，你把张金菊的电话给我说一下。我这咋没有了她的电话。”

我还没回话，他又说，“你先别急，让我去拿笔记一下。”

我哭笑不得，说："不用记。我马上给金菊打电话，让她给你去个电话。你存一下就行了。"

他回答："我不会存。你还是让我拿笔记。"

忠实兄虽然不会发短信，但是却特别看重短信的功能。原因是短信能够帮助他记事。比如下周我们约定要做什么事情，他一定会说：莫伸你给我发个短信，让我记住。也因此，我给他发过许多短信。但这只是一方面。另一方面，真正过年过节，我却从来没有给他发过任何一封短信。短信是一种文明，也是一种礼貌，但如何恰当地使用短信，却是需要斟酌的。我自己的理解是：任何事情都要适度适宜，对社会应酬很多的人来说，不必要麻烦自己也干扰别人。

但是2016年的开年第一天，我却总觉得胸里堵着件事，总觉得心里不安宁。于是给他发了一封短信。这是我们交往四十年来，我第一次给他发的问候和祝福。这封短信至今保存在我的手机里：

忠实兄，今天是2016新春第一天，我在遥远的广州为你祈福！衷心祝福你诸事顺遂，健康平安！莫伸

说得很含蓄，很节制。

当天晚上，我正陪着小外孙看电视，突然手机响了，一看来电显示，是陈忠实。

我急忙接起，话筒里他的声音稍有艰困，但仍属正常。

他说：莫伸，你是在广州过年？

我说是的。

他说：你的短信收到了。咱互相拜个年。你在那边还好吧？

我说很好。忠实兄你最近感觉怎么样？

他说：还可以。就是还在治病。嘴里难受得很。

我心里有些酸楚，想问他吃饭如何？嘴里痛不痛？眼下能不能自由行动？等等等等，但是千言万语，却又不知从何说起。停顿了一下，我主动说："忠实兄，我祝你一切都好。你要应酬的电话很多，咱们不多说了。挂电话吧。"

他说："好。莫伸我也祝你一切都好。"

这是我们最后的交谈，也是我们各自听到的最后一句话。

一个月后，我回到西安，想抽时间去看他，于是给杨毅打去电话，问忠实病情如何。杨毅说：不好。他现在还是化疗。化疗一阵，恢复一下身体。再继续化疗。

我问杨毅：其他方面呢？

他说：也不太好。最近他说话特别吃力，连我有时候都听不太懂了。有时候他说话我不明白，他还着急。脾气也变得比较躁。

我问杨毅：这时候去看他，你觉得咋样？

杨毅没有吭声，片刻，口气很为难：好像不合适。他现在瘦得很，没力气，也不想见人。

我没有再说话，放弃了去看他的想法，心里隐隐地期望着还有一次机会，又隐隐地感到恐怕再不会有机会。一股说不出来的情绪笼罩着我，放下电话，足足有十几分钟，我呆坐不动，觉得心里很堵，很乱，有一种凄凉的感觉……

时间在继续往前走，每天都忙忙碌碌的。忙于开会，忙于写作，忙于帮朋友看稿，紧接着又和作家子页、和谷、丁晨以及老朋友石玉国等人一道去了台湾。4月23日晚上从台湾回到家，趁着记忆犹在，抓紧整理资料。资料尚未整理完，又接到老朋友、宝鸡市作协主席景斌的电话，说他们出版的大型丛书《宝鸡文学60年》已经出版，定于29日上午开会，希望我能参加。于是我28日晚上乘高铁匆匆赶往宝鸡。进到酒店已经是半夜11点了，见到景斌、渭水、广汉几位老朋友，大家抓紧时间说话。仿佛冥冥之中互有默契，说话的主题竟不约而同地指向忠实兄的病情。

第二天早上即将开会，景斌是会议的主要负责人，先下楼去安排各项事务，我和徐岳、冯积岐在六楼的屋子里说话。突然手机就响了，是景斌来的。我急忙接通，景斌的口气一听就不对："有个不幸消息，陈老师可能不在了。"

我吓了一跳，急忙问消息可靠不可靠?

回答：应当是可靠的。

我说：你稍等。

挂掉手机，我当即给杨毅打去电话。电话只响了第二声就被接起。我还没有开口问，就听见杨毅在哭。

杨毅说：老陈走了。

我问：什么时候的事情?

杨毅说：刚才。七点半。

我不知该说些什么，说什么也显得多余。杨毅还是在哭，说：老陈现在还在床上。

老陈走了，生活还在继续，《宝鸡文学60年》大型丛书发布会也按原定时间开始。景斌走上台主持，第一件事是向大家宣告了这个消息，是哭着宣告的。他提议：会议议程改一下。第一项，全体起立，为陈忠实的逝世默哀。

大家全站起来，低下了头。

宽阔的大厅里，黑压压地站起来一片人。那一霎间，我心里突然有一种感觉：这么多人，在百公里外，没有任何人号召，没有任何人组织，完全是自发地为忠实兄的去世而悲痛，而哭泣，这说明了什么呢?

说明了忠实兄作品的魅力！更说明了忠实兄做人的魅力！

忠实兄，你走了，走得安详而平静，却让我好凄凉，好孤独，好戚寂！

【莫伸，原名孙树淦。江苏无锡人。中共党员。1980年毕业于中国文学讲习所。陕西省作家协会理事、常务理事、主席团成员、副主席。陕西省社会科学院文学艺术研究所所长。】

老陈，走好

文/吴　峻

走了，老陈。

他真的离开家人、朋友、同事和陌生的读者远去，再也回不来了。

陈老，是我有时的呼唤，更多时候我叫他，老陈。

4月29日上午，我乘车在惠东乡镇路上穿行，兄长万极在微信私聊中发来一则信息："陈忠实今晨病逝，享年七十四岁。"我心头微微颤了一下，随着车辆的颠簸告诉开车的阿东："老陈，走了。"他问："哪个老陈？"我答："《白鹿原》的作者，陈忠实。"

我再次打开手机确认信息：4月29日7：40左右，《白鹿原》作者陈忠实，因病在西安去世，享年七十四岁。陕西文坛一颗巨星陨落！这，的确是真的了。我沉默了，但仍不愿相信这是事实。

全国各种媒体这几天都在报道著名作家陈忠实病逝的消息。我原工作单位《西安晚报》标题为："大师驾鹤枕书去，空留苍茫白鹿原"。《西安日报》则用："三秦大地失忠实，白鹿原上空茫茫”。《陕西日报》推出了“悼念陈忠实专号”，共四个整版，封面大标题：“秦地留白，忠实永生”；第2版的标题：“永远的《白鹿原》”；第3版：“陈忠实和《陕西日报》37年的不解情缘”；第4版：“陈忠实生命的最后三天”。《光明日报》标题：“一颗大星陨落”。《北京晚报》新媒体也率先推出了电子号外：“文坛‘老农’陈忠实走了”，封面设计厚重而苍凉，配上陈忠实冷峻的目光，别具一格。浏览着所有的报道，我不由得想起老陈十四年前来深圳的情景。

2002年3月22日上午，我接到陈忠实打来的电话：“吴峻，你今天忙不？我去了香港几天办些事，刚从罗湖进关。下午深圳文联和作协约我同深圳的文学爱好者座谈，说说我咋走上文学创作之路的。你要是忙，就包（别）来了，结束后你陪我去吃饭。在香港几天吃的都不可口，把人饿地。你带我去吃咱倭的饭行不？”我一阵惊喜，并告诉他，我下午一定去参加座谈会，然后带他去吃陕西饭。

当天下午，我早早赶到座谈会地点，一进会议室看到已经来了一二十人，他们当中有许多中年人和青年人，而且还陆续有人打探着进来。组织者布置的现场似学校课堂，会场连一条横幅都没有，先到者面对主席台大家排排坐等待着老陈的到来。不到两点陈忠实与陪同人员一起走进会议室，随即主持人简单介绍说，陈忠实老师这次是去香港办事，我们得知消息后，把他“劫道”到深圳与大家见面，由于时间紧迫只通知了不到五十人，希望大家抓住机会向陈忠实老师提问。这样的开场白真是简明扼要，可老陈立即发话。他说："我和你们见面不是作报告，我有个要求就是大家都是文学爱好者，我不能坐在主席台上，请各位把凳子拉出来，咱围成一个圈儿我再回答你们的问题好吗？"老陈的执意恳求使现场的人开始"折腾"，不一会儿，一个大约有五米直径的圈子形成了，老陈笑呵呵地说："这样就很好，我也觉得舒服。"

座谈会在说说笑笑的气氛中开始，许多人怀着敬仰的心态提出关于文学创作的问题，老陈慢条斯理地一一解答。尤其有一位说："请问陈老师，您是怎样走上文学创作道路的？"老陈答："我在小学阶段没有接触过文学作品，尚不知世有'作家'和'小说'，上初中时我阅读的头一本小说是《三里湾》，这也是我平生阅读的第一本小说。赵树理对我来说是陌生的，而三里湾的农民和农村生活对我来说却是再熟识不过的。这本书把我有关农村的生活记忆复活了，也是我第一次验证了自己关于乡村关于农民的印象和体验，如同看到自己和熟识的乡邻旧生活的照片。这种复活和验证在幼稚的心灵引起的惊讶、欣喜和浮动是带有本性的。我随之把赵树理已经出版的小说全部借来阅读了。这时候的赵树理在我心目中已经是中国最伟大的作家；我人生历程中所发生的第一次崇拜就在这时候，他是赵树理。也就在阅读赵树理小说的浓厚兴趣里，我写下了平生的第一篇小说《桃园风波》，是在初中二年级的一次自选题作文课上写下的。我这一生的全部有幸和不幸，就是从阅读《三里湾》和这篇小说的写作开始的。”他又说：“初做作家梦的时候，把作家的创作活动想象得很神圣，很神秘，也想象得很浪漫。及至我也过起以创作为专业的生活以后，却体味到一种始料不及的情绪：寂寞。长年累月忍受这种寂寞。有时甚至想，当初怎么就死心塌地地选择了这种职业？而现在又别无选择的余地了。忍受寂寞吧！只能忍受，不忍受将会前功尽弃，一事无成。”

老陈在与大家的交谈中不由自主地点燃了他喜欢的雪茄，抽了几口才说：“我今年刚好六十，已到了花甲之年，有些毛病一时改不掉，请你们原谅。”有位文学爱好者说：“我们都是从内地来到深圳，见证了二十多年这里的建设和发展，也很想用文学作品表现出来，可总觉得写不出什么好东西。”老陈说：“你让我写也写不出来啊。我对深圳的生活没有深入的了解，没有切肤的感受，若融不进这里的生活，让谁谁都很难写出来。比如：我总看到很多文章提到深圳的打工仔、打工妹，他们究竟是仔还是妹？多大年龄？到深圳来都做什么，有怎样的生活和故事，我只能粗浅地理解他们都是建设者。”许多人听此话频频点头。又问：“陈老师，据说您写《白鹿原》用了很长时间，创作过程一定艰辛，怎么才能坚持下来？”老陈答：“在我即将跨进五十岁的这一年冬天，也就是1991年的深冬，《白鹿原》上三代人的生的欢乐和死的悲凉都进入最后的归宿。同时我也产生了一种强烈的创作理想，必须充分地利用和珍惜五十岁前这五六年的黄金般的生命区段，把这个大命题的思考完成，而且必须在艺术上大跨度地超越自己。当我在草拟本上写下《白鹿原》的第一行字的时候，整个心里感觉已经进入我的父辈爷辈老老老老爷辈生活过的这座古原的沉重的历史烟云之中了，也终于要回到现实的我了。”

我坐在距老陈不远不近的地方，手中拿着相机，聆听着他侃侃而谈。他说着地道的关中话，像拉家常一样亲切，不知不觉已过去了两个多小时。座谈会结束后，按约定我带他去吃陕西饭。他说：“今天说话有点多，有点累。”并问我：“到深圳后能否适应这里的热，媳妇和娃都乖吧？”我说：“都好着呢，慢慢就适应了。”老陈还告诉我，他明天一早就从深圳回西安。那次见面后没过多久，我回了一趟西安，把在深圳座谈会上拍的图片制作好送给他。老陈打开一看非常喜欢说：“我说话奏（就）是这样子，你咋拍得这么真呢？你如果有空跟我到咱原上住几天。”以后我再回西安知道他很忙，也没去打搅他，只是打过多次电话问候，让他保重身体开心快乐而已。

老陈病了，我有所闻。在生命最后的日子里他微弱地说：“病没办法。”我的理解是：人得了病没办法，有了病长期治不好，也没办法。我打开电脑，在邮箱里再看看他的图片，敲下以上的文字，我已泪眼蒙眬……

据悉，5月5日，大家要送陈忠实先生最后一程。我在深圳深切地祝：老陈，走好！

【吴峻，1956年10月出生于西安市，毕业于西北大学中文系新闻专业。1984年6月进入西安晚报社任摄影记者，1992年6月进入中国新闻社广东分社任摄影记者，1993年6月调至深圳商报社，现任主任记者。吴峻长期活跃在新闻、体育摄影第一线，积累了非常丰富的工作经验。多年来佳作不断，屡屡在国内外摄影评选中获奖。】

你带走一部秘史的背后

——小记陈忠实与他的《白鹿原》

文/张伟彬

巴尔扎克说过，“小说是一个民族的秘史。”陈忠实走了，一个农民儿子，静静地带着属于他那个时代的一部秘史走了，枕着他的《白鹿原》，枕着他心爱的文字，还有许多未完成的约稿。《白鹿原》是一篇长篇巨著，巨著的背后是一部秘史，秘史的后面是一生的甜酸苦辣。

陈忠实是个值得尊敬的作家，也是个毅力非凡的作家，用差不多六年的坚持完成一本书的出版，而这本书也是他一生中最伟大的著作——《白鹿原》，它也是属于那个时代最伟大的作品，他也经历了自己人生最大一次写作挑战。可以想象，一人、一桌、一凳、一陋室，度过了多少个日日夜夜，真的不容易。

一个好作家，要写出震撼人心的作品，单凭一股写作热情，显然是不够的。陈忠实在乡村生活了二十多年，有约十年（1968—1978年）公社党委副书记、革委会副主任的经历。公社所辖的三十多个自然村，他不知跑了多少回，有好几个村子一住就是大半年，甚至每家人都能叫上名字。这些经历对他写作来说无疑是一笔宝贵的财富。“农村”早已深入他文字骨髓里，那些与他朝夕相处的乡土元素，无疑与他有千丝万缕的联系。

作为一个乡镇干部，他是用心工作的；作为一个写作者，他又是生活的有心人。他在用心体会底层农民的甜酸苦辣，也真实洞察到复杂社会下的各种画面。他的《白鹿原》，成功地塑造了白嘉轩、鹿子霖、鹿三、朱先生这些具有深刻历史文化内涵的典型形象，成功地塑造出黑娃、白孝文、田小娥、鹿兆鹏、鹿兆海、白灵等极具时代特色的年轻一代人物形象，他们性格各异、追求不同。

自1997年获茅盾文学奖以来，《白鹿原》不仅得到中国学者的高度评价，也得到西方学者的认可——“从作品深度和小说技巧来看，《白鹿原》肯定是中国当代最好的小说之一，比那些获得诺贝尔文学奖的小说并不逊色。”《白鹿原》是一部现实主义作品，展现现实的“原生态”，将“原色原汁原味”和盘托出。

写作需要积累，人生需要积累。陈忠实自1965年发表作品以来，一直坚持写作，直至最后的2016年4月29日，他整整坚持了五十年，所以说没有人能随便成功，就像中国古典四大名著的作者一样，若非呕心沥血之作，也许很难被历史记住。

陕西是个盛产大作家的文人高地，除陈忠实外，还有写出《秦腔》的贾平凹，写出《平凡的世界》的路遥，写出《创业史》的柳青，写出《最后一个匈奴》的高建群等。当然作为一个深圳人，不得不提祖籍陕西现在深圳工作的女作家秦锦屏，她多才多艺，散文、诗歌、小说、戏剧、演讲等样样精通。作为一个来深圳居住二十六年的深圳人，我也知道《白鹿原》在2008年11月入选深圳读书月组委会、《深圳商报》联合组织的“改革开放三十年影响中国人的三十本书”。

不可否认，陕西悠久的历史、深厚的文化、优沃的土地，滋养了一代又一代优秀作家。陈忠实是朴实的关中人，也是一个神奇的文字刀客，他生于斯、长与斯，他文字的刻刀触及了那个时代和整个民族的痛处、痒处。

很多人都认为，中国很多农村题材的作品都没有《白鹿原》写得这样深刻，他的作品确实是反映了一首渭河平原近现代五十年变迁的雄奇史诗，是一轴中国农村斑斓多彩、触目惊心的长幅画卷。

《白鹿原》是一部描写中国农村史诗式的秘史，陈忠实用忠实的笔法刻写自己所处时代的历史，他不愧是中国文学史上一个不可多得的人物，他与他的作品《白鹿原》等将永远被刻入历史，他忠实的灵魂将永远与文学同在，与读者同在。

【张伟彬，现为深圳市福田作协会员。作品散见于《星星》《光明日报》《深圳特区报》《证券时报》《打工文学》《宝安日报》《深圳侨报》《莲花山》《红树》等。曾获《光明日报》2016年“诗意·故乡”诗歌大赛一等奖，2015年深圳睦邻文学奖，2012年《深圳特区报》成立30周年征文比赛一等奖（万元大奖），2015年凤凰诗社大赛优秀诗人奖。】

哭陈忠实先生

文/吴双虎

今晨7点40分，中国作协副主席、陕西作协名誉主席，中国当代文坛巨星陈忠实先生黯然而逝。噩耗传来，顿时感到五内俱焚、天崩地裂，不禁泪流满面、感慨万端。

初识先生于2005年，时任陈仓区文化文物旅游局局长的我，准备出版第一部长篇小说《红月亮》，与出版社商定开印之时，朋友建议请名人或名家作序或题写书名，以壮行色。经祁念曾老师介绍，与《秦都文学》主编鲁曦老师一起，怀着忐忑不安的心情，来到了陕西省作协陈忠实主席的办公室。自我介绍之后，陈老师开始翻看《红月亮》书稿，当时的心情难以言表。大约过了二十分钟，陈老这才取出早已题好的书名《红月亮》三字递给我，语重心长地说："你的基础不错。写作是一件艰苦的事，希望你坚持下去，走稳走好。"听着陈主席朴实的教诲，我感动得热泪盈眶，心中默默起誓，一定要勤奋写作，决不辜负先生的期望，在文学创作的道路上，走得更远、更扎实。《红月亮》出版后，《宝鸡日报》连载，在宝鸡引起巨大反响；后又改编为大型秦腔现代戏《红月亮》，参加了陕西省第五届艺术节展演。我向先生做了报告，先生连连点头，称赞不已。

此后，宝鸡的朋友得知我与陈先生相识，便常有人要求引荐求索先生墨宝。先生大气，赐字分情况而定，如果是公益或慈善所需，便慷慨捐赠，不收润格。2009年，陈仓区再次荣获全国文化先进区，宝鸡市新声剧团荣获全国文化工作先进集体，请求先生题字庆贺，先生高兴，挥毫泼墨，欣然题字，拒收礼品。数位同仁感慨万端，称赞先生大德大义。还有一次，陪同陈仓区政府王副区长去省政府办事，完毕之后，王副区长意欲拜识先生，我便相约来到先生办公室，两人相谈甚欢，临别，先生慷慨赐字，以示对基层干部的支持。一来二去，每年总与先生谋面多次，十分欣慰。

最近一次见到先生，是在去年12月。新疆一位文友欲求先生墨宝，几番周折，托到我这里。我也想拜见先生，便与先生约定，12月15日上午10点在石油大学家中相见。为示尊重，我提前半小时到达楼下，时间已到，却不见先生开门。迟疑之际，只见一个年轻人开门过来，说陈先生在家等候。上楼进门，闲聊之后，看到先生病魔缠身、疲惫不堪，再看先生憔悴的面容，心中十分懊悔，不该这时候打扰先生。而这一次，也就成为与先生的最后见面。

与先生相识，十分欣慰。最为感激的是，我所出版的四部小说中，除了《红月亮》，《大禹河》和《社火》都得到了先生的指教。特别是《大禹河》出版时，前往作家出版社签约，见到了时任总编辑侯秀芬老师，说《大禹河》为陕西十年来忠实与平凹先生之后她所看到的最好小说之一，心中惭愧，难以言表。但我默默起誓，一定要把先生作为文学创作的标杆和我人生的指路明灯。

先生的一生，德如秦山不朽，品若渭水常在。

“人间虽说无忠实，原上白鹿传千古。”祝先生一路走好！

【吴双虎，宝鸡人。中国作协会员，陕西省作协理事，宝鸡市作家协会副主席。有散文集《陈仓八景》，长篇小说《红月亮》（曾在宝鸡日报连载，并改编为同名大型秦腔戏《红月亮》，参加了陕西省第五届艺术节展演）、《大禹河》（曾在宝鸡广播电台连播）、《社火》（曾多次在陕西广播电台、宝鸡广播电台连播；被列入2013“经典中国国际出版工程”，并译成英文出版）、《太阳雨》等。与人合作出版《谭筱原诗词校注》。还创作了长篇小说《生恋死爱》《官事》《伯仲传奇》《大戏》等，待出版。】

陈忠实：生前身后皆孤独

文/许石林

我见过陈忠实先生一面，那是在某电视台打算做一档电视节目，形式大约是考验人忍耐孤独的最长期限——将一个人关在一处海边房子，不与外界联系，电信不通，只是独处，看谁的独处时间长，全程拍摄播出。这很能满足人对他人生活的偷窥欲。

在这个节目的策划会上，陈忠实等作家也被邀请来深圳。这让我见到了这位我很心仪的来自陕西老家的作家。早晨与陈先生等在海边散步，他一直背着手抽烟，很少说话，与人目光相遇，他似乎有点躲避，其目光神色，无不是我们陕西乡下老人那种朴厚的羞涩。

我单独采访先生，大约不到一小时，请他谈的也是所谓孤独。他坐在我对面的沙发上，点上烟，神色依然是我们陕西乡下老人那种朴厚的羞涩。这种羞涩让我小心翼翼，即内心很珍重，但表面不能流露出来，生怕他觉察到。他应该觉得这样太正式地面对面谈话，是令人不自在的，我也有同样的感觉。他当时是怎么谈的，我已经忘记了，只清晰地记得他的声音和姿势：他吸了一口烟，仰天凝望，眼珠转动，紧抿嘴唇，突然说话：这个孤独啊……

一直以来，我就记得这些了。应该是当时他也没谈出有关孤独的多少见解来。其实，不一定非要有什么特别惊世骇俗的见解。对于这种诚朴的人来说，他不会说表演性的妄言，不会配合别人演戏。甚至，我联想老家人的性格，像他这种人，可能还以为口若悬河、滔滔不绝地说某个话题是令人害羞的。我们陕西，像他这种人非常多，能说都不愿意多说。不说，存在心里，是真的；说了，说多了，自己会产生不真实的感觉。这一点，我以为我理解了他。

不能不说他的《白鹿原》——我这读书几乎不跟风的人，也跟风读了，我很喜欢书中那种陕西味，那种陕西的老味儿，常常让我想起自己的祖父一辈人，在过去年代小心翼翼地、片言只语地谈论往事、对人世发出感慨的那种语气和味道。我们老派的陕西人，像陕西的戏曲，共同的特征是：浓厚的悲壮，最后析出乐天知命的达观，不管悲凉的过程多艰难、多漫长，最终不在抱怨中停歇，不在哀愁中流连。现在似乎很多人都知道了老腔，老腔也被话剧《白鹿原》、电影《白鹿原》用进去，算是给对小说原著笨拙的改编加持了。老腔就是乐天知命的达观，而非现在人人皆知的某摇滚歌手咆哮的怨言，此二者有本质的区别。但正如人们轻而易举地将二者混为一谈一样，我们陕西人的性格等等，也这样被人混淆了，弄不清了。

后来再回味《白鹿原》，我想起书中一个配角：朱先生。这是陈忠实先生根据陕西民间流传的清末关学大儒牛兆濂先生的原型塑造的小说人物。这个人物已经深深地刻在我的脑海中，他让我联想起自己父辈、祖辈的许多人说话行事的风格、方式、语言、神色等等。其实，到牛先生这一辈，已经是中国传统神州陆沉，九原浸没，关学也到了它的余音尾声了，新东西来了，人们追求新异的心灵闸门打开。从此，一股深深的集体自卑感，厚厚地蒙在了关学群星璀璨照耀过的三秦大地，历经百年，于今犹烈。

陕西出作家，喜欢写作的人很多，名作家也多，所谓陕军云云。我见识短浅，可能陈忠实先生是极少甚至是唯一将关学人物通过小说人物，使其走向当代读者的作家。陈忠实先生不是关学学者，他也不算是传统读书人，所以，他于无意中，以小说这种喜闻乐见的形式，衍续了关学的微音。这一点正是我一直敬重他的原因。因为在现代作家中，越是憎恨传统就越受当下宠爱。而陈忠实先生虽不是儒生式的对传统的一往情深，但至少没有憎恨、敌视，他只是用关中人朴实地口口相传、又经过小说加工塑造了这个人物，无论怎么说，已经是非常难得了。

其实，像《白鹿原》这样一部好小说，它真正被人理解的，并不多。陈忠实先生功成名就，声名远播，令誉加身，但我总认为他应该是寂寞的、孤独的。读者那么多，多是看热闹的人，懂他的人不会多；他本身如果继续思考，如果在《白鹿原》中的朱先生身上多停留，他一定会更加孤独和寂寞。因此，我倒不希望他能再深入到朱先生的背景中去，因为越是深入到朱先生的背景，他一定会更加失落，连这本举世闻名的小说带给他的内心安慰和世俗荣耀，都不一定能继续平衡这位诚朴的关中人内心的失衡。

关学道丧文敝，到了什么程度？任你怎样想象，都不过分。陈忠实先生去世，各种悼念如决堤的洪水，这当然都是真诚的伤痛、惋惜和缅怀。但是，遗憾的是，我的老家陕西，这个一向自诩文化积淀深厚的文化大省，却连个灵堂都没布置好。哀联的不工、冰冷无情的印刷体等等，可以不计较了，但起码的书写形式不该错，更何况送花圈的级别之高，这不该是尚义气、重礼仪的陕西人该犯的错误。

苏东坡去世，他的学生李方叔哀悼老师：“道大不容，才高见忌。皇天后土，明一生忠义之心。名山大川，还千古英灵之气。”昨天，我跟陕西一位文化界的朋友电话说起，很期待能在悼念陈忠实先生期间，陕西出现一两副令人读之怦然心动的挽联或者悼祭文辞。而不是现在这样堆砌大词，望之巍然，山崩地裂、地动山摇，实则多空洞浮泛。民国陕西名人过世，各界哀挽之词，有著录于方志者，可谓多矣。那时候，关学已经凋敝了，但空气中尚有余温。

这种貌似挑剔的期待，其实是一种深深的遗憾和绝望。陈忠实，生前世俗地位不可谓不显赫，但内心的寂寞孤独，宿命一般摆脱不开。他身后，白鹿原、关中大地……会好些吗？

【许石林，深圳市文艺评论家协会副主席、中国传媒大学客座教授、深圳市杂文学会会长、深圳市烹饪协会名誉会长、深圳市非物质文化遗产保护专家、中华吟诵学会理事、中国古琴学会专业委员会会员。主要著作：《损品新三国》《尚食志》《文字是药做的》《饮食的隐情》等。】

西北风骨，依然神圣

——纪念陈忠实

文/张宏利

这段时间，中国艺术界接连失去了两位巨匠。京剧梅派传人、京剧大师梅兰芳的儿子梅葆玖逝世，在日渐式微的戏曲艺术上，我们痛失一位大师。就在人们还没从沉痛中恢复时，噩耗再次传来，陕西系作家陈忠实也离开了我们，这实在是一个让人悲伤的消息。

之所以特别点到陕西系，是因为就目前文学界状况，陕西系扛起了厚重的乡土风格文学的大旗。路遥、贾平凹、陈忠实等，从他们的作品里，我们读到了文学，读到了中国，读到了精神的荒芜。是的，我们不否认文学艺术百花齐放，风格迥异，但是面对这批作家，我们不得不承认，他们还坚守着文学。

路遥的《平凡的世界》我读了五遍之多；贾平凹的散文我看了一本文集；陈忠实的《白鹿原》一入目，就感觉厚重、苍凉，乡土感、历史气息十足，是自成一种风格的乡土画卷，故事范围并不太大，但是刻画得非常细致，让人不由自主地感觉到扑面而来的宏伟历史气息。用陈老的话说，这是一本可以带进棺材做枕头的书。这也是一本经典名著，仅此一书，就可以奠定陈老在中国文学史上的地位。而这本书，也可以作为中国历史的一个补充，永远流传，如果想了解中国近代史，想了解西北风土人情，此书是必看的。

读这本书，会不由自主地沉下心，严肃态度，平静下我们已经浮躁的心态、浮躁的阅读习惯，怀着一种崇敬的心情，去感受书中人物的苦、乐、甜，在其中重新慢慢找回曾经对文学这个神圣词语的向往与尊重，它打开了一个微微陌生但是却又让人心有不甘地去阅读的世界。

毫无疑问，如果论名气，陈老在现在这个快餐时代，是不如那些既写书又出版，又拍电视、拍电影、开发布会、当座上宾的作家们。名气不如，钱财也不如。但是如果我们谈到文学大师，却又毫无疑问，陈老，或者说陈老这类人是必须谈到的。

这就是一个很奇怪的现象，同时也是一个很正常的现象。流行的、赚足眼球的，虽然还被认为在这一行里，但是已经成为这行的泡沫。文学还是需要一块一块毫不亮眼的砖头，而不是亮光闪闪的玻璃墙。

文学要守得住清苦，我们不反对运作文学，但是我们更希望看到干净的文学，因为这样的文学才是我们心中的文学。

做文学本质上不是为了扬多大的名，获多厚的利，选择这一行，就要热爱这一行，热爱每一个文字，并甘愿为它厮守，坚持它的阵地。

除了《白鹿原》，我没有读过陈老其他的书，但是这并不妨碍我对陈老的崇敬，在我的意识里，这才是文学大师。有时候，评价一个人，并不用了解太多，一件事、一本书，就能确定他是什么样的人。有些人虽然取得了非凡成绩，经常活跃在大众眼前，但是当我们谈到文学时，几乎忘记了那些人还属于文学。而陈老平平淡淡，但是我们却觉得，他远比很多人都更适合这行，适合作家这个词。当然，也更值得我们尊敬。这份来自人们心底的尊敬，才是我们对作家这个词最大的褒奖，也是我们从小就立志、一直苦苦追求、所希望成为的作家。

陈老一直甘守文学阵地，在他心中，文学依然神圣，他用自己的如椽巨笔，描述了一个民族历史乡土大义的巍巍诗卷。而他自己，平平凡凡，简简单单，不追逐名利，一直以自己是农民的儿子为荣。看看当今文坛，还有多少这样的作家。

有的人死了，但是还活在人们心中，向陈老致敬！

【张宏利，河南省范县人，自幼喜欢阅读传统读物，写作，书法，现居深圳。多年来苦读不辍，勤于练笔，现为深圳福田作协会员。曾经荣获福田街道办五四征文二等奖，中国质量论坛“海洋王杯”论文征文优秀奖，深圳市工会“中国梦·劳动美”征文二等奖，深圳市福田区家园文化节征文银奖等，诗歌《醒来》被选录在福田文联《一轮红日照东方》纪念建党95周年书刊。】

陈公仙逝精魂在

文/丁　晨

2016年4月29日，一个令人悲痛的日子，中国当代最杰出的作家之一、一代文豪陈忠实先生溘然仙逝。巨星陨落，悲痛难抑，沉默无语，欲哭无泪。几日来，我吃饭不知饭味，吃肉不知肉香，迷迷瞪瞪，懵懵懂懂，一时难缓过神来。

作为一个业余作家，一个时任行业作协的主要负责人，我和陈忠实先生有过多次接触和交往。

先生对文学的执着和贡献，对脚下黄土地的挚爱和思索，以及对业余作者的提携和呵护，对行业作协的扶掖和关怀，彪炳史册，令人动容。

我认识陈忠实是先认识他的作品的。

改革开放初期，先生在《陕西日报》副刊上发表短篇小说《信任》，我阅读后，振奋不已。作为一个文学青年，我便给《信任》投了“优秀短篇小说奖”庄严的一票。果然，《信任》获得全国优秀短篇小说奖。自此，先生佳作不断，连连获奖，硕果累累，一举成名。陈忠实的名字和他的作品，也就在我的文化生活中开始占据很重要的位置。

1993年6月先生的扛鼎力作《白鹿原》第一版出版，我当时已是人到中年，不顾工作的劳顿和工资的微薄，买了书，如饥似渴、夜以继日地阅读了多遍。书中厚重深邃的思想内涵，复杂多变的人物性格和跌宕曲折的故事情节，深深地感染和打动了我。从此，凡先生出的书，我逢书就买，逢书就藏，逢书就读。

陕西交通作协2007年11月成立时，我托人找先生，聘他为交通作协顾问，他毫不推辞，欣然接受了聘书，并委托省作协秘书长王芳闻送来了“讴歌交通风采，弘扬和谐文化”的题词，分文未取。

2007年我和周迎春主编的《陕西“十一五”加快交通发展报告文学集》将要出版，我托人找先生，想给书题个书名。先生二话没说，也是不收分文，题写了“激情跨越”四个大字。

2009年由我主编，莫伸、和谷、商子秦、朱文杰、冯积岐、常智奇六位作家撰写的《大道——陕西交通跨越发展纪实》报告文学集出版。首发式上，先生和雷涛、莫伸、叶广芩、商子雍、王芳闻等著名作家拨冗到场。先生精彩点评，对《大道》的出版和陕西交通的发展给予高度评价。先生说：“我要向组织写作出版了这么一本好书的省交通作协祝贺，也向这几位参与创作的作家朋友表示祝贺。我们今天说：蜀道快捷，快捷到易如反掌，易如旅游，青山绿水，你坐着车，到汉中、到安康，真是一种赏心悦目的感觉。像这样重大的改善整个陕西南北东西的交通枢纽型大工程，而且是穿越秦岭大山的工程，应该说，这是我们建设者赋予大地真正的史诗。这部写下了陕西交通史上具有彻底的变革意义的长诗，将载入我们的交通史，也将载入陕西经济发展的历史，应该不朽。”先生的讲话深刻、真切，令我们感动。

2009年夏季，我作为省交通作协主席和省交通集团党办主任马永庆陪同先生到秦岭终南山公路隧道参访。先生兴致很高，朴实平和没架子，边看边问，黑棒子雪茄一根接一根地抽，面颊深沉而沧桑。

秦岭终南山公路隧道分公司专门购买了一批新版的《白鹿原》书，请先生题词。先生有求必应，不辞辛劳地为每一个文学爱好者一一签名题字。参观完隧道后先生感慨地说：“了不得，你们创造了世界奇迹，真震撼人心，这才是最伟大的长篇。”并欣然挥毫题词：“秦岭终南山公路隧道也是一首激情长诗，贯通了地理的南北中国，也沟通了南北中国人的情感和人文经济交流”。

为了感谢先生的辛劳，隧道分公司要给先生付劳务费。可先生说啥都拒收。他们让我劝说先生收下，可先生说，再说我就发脾气了。无奈只好作罢。先生的高风亮节让我们感动。中午，在柞水盘古山庄吃饭，我和接待方只有为先生敬上一杯西凤酒，聊表敬意和谢意了。

先生对我们的行业报纸《陕西交通报》的文化副刊，也分外关心和扶持。报纸要小报改大报，先生不收分文，给我们写了

"祝《陕西交通报》越办越好"的题词，还不时也给我们副刊赐稿。他的《燃烧的生命》《欣慰与希望》《你让我荡气回肠——群雕"华夏龙脉"读记》等文稿先后在我们报纸发表，让我们的读者欣赏了先生大气、磅礴的美文，也提高了我们《陕西交通报》副刊的知名度。

这里我想说的是先生每次题词，都拒不收费，甚至应正常给他付的稿费，他也拒收。这在当下，是怎样的一身正气和胸襟啊？！

先生作为文学大家不仅对业余作家、对行业作协，在工作和创作上给予关注、扶持和引导，而且在生活中真诚和善，对同事、朋友，也乐于关怀、关心和帮忙。

2010年11月我儿子结婚，为了热闹，我请了莫伸、高建群、商子雍、叶广芩、赵熙、冷梦、商子秦、朱文杰等著名作家来捧场，也打电话邀请先生光临，先生回复因身体原因，不能出席婚宴。但他却送来一幅题词，并特请莫伸代他宣读："祝贺丁晨令郎婚禧'琴瑟合鸣'。——原下陈忠实"。当场，感动了我，感动了我的儿子和儿媳，也感动了出席婚礼的所有的人。我对儿子说："小子，好好领会先生题词的良苦用心和含义，收藏好先生的墨宝。"

为了写这篇悼文，我又翻出了先生的墨宝，凝视着"琴瑟合鸣"四个大字，物是人非，我不禁热泪夺眶而出。

陈忠实先生不仅仅创造了一个《白鹿原》文学高峰，他还以自身的人品高度，人格魅力，有形无形地浓缩着三秦这个文化大省的人文形象，诠释着什么才是当代中国最伟大作家的楷模。一个伟大的灵魂，走完了最后一步，一个伟大的作家，驾鹤走了。面对先生，我们会长久地感到心灵的寂寥和中国文学的巨大损失，感到一个时代民族文化永远无法医治的伤痛。

最后谨以一副挽联送别先生，并结束悼文：

白鹿原上陈公仙逝世人皆悲鸣；

一代文豪精魂铸就催人向前行！

【丁晨，高级编辑、中国作协会员，原陕西省作协理事、陕西省交通作协主席、《陕西交通报》副总编辑，现陕西省作协报告文学专业委员会委员、陕西省散文学会常务理事。】

陈忠实如同他的名字一样忠诚可靠

文/王　蓬

2016年4月29日上午7点45分左右，中国作家协会副主席、著名文学大家陈忠实去世。得知消息，泪水忍不住夺眶而出，回顾四十年来的交往，真如同失去兄长般痛切。家中随之电话不绝，多家媒体请我撰文，所幸3月上旬西安出版社新任社长屈炳耀来访，见墙上悬挂着的1980年拍的陕西作家群照半数去世，深感痛惜，约我写《陕西作家旧事》，以亲历、亲见、亲闻角度展示文学大省陕西作家风采。《陈忠实：白鹿原的绝响》为其中一章，两万余字，上周刚完，天不假人，奈何。上午忍痛选文一节，配图十幅发出，反响如潮，新华社陕北分社社长陶明又编入新华网，一天浏览五万多次，千万民众共同缅怀中国不可多得的文坛巨匠。小说大师，忠实走好，王蓬叩首。

一

我知道陈忠实是在20世纪70年代初，准确地说是1973年7

月，刚复刊的《陕西文艺》在卷首隆重推出了一篇近两万字的小说《接班以后》，尽管受当时政治气候局限，但作品浓郁的乡村生活气息，活生生的人物，铿锵有力的语言，以及整部作品的厚重和气势，使我一下牢记住了作者：陈忠实。

真正见到陈忠实是1975年冬天，《陕西文艺》召开创作会议，后来成为“陕军”主力的作家几乎都参加了那次会议，陈忠实、路遥、贾平凹、邹志安、京夫、李凤杰、晓雷等有近百人。去了就想见到陈忠实，人生不好打听，直到一天晚上，安排陈忠实介绍创作经验，在省文化厅招待所礼堂，大冬天，没有暖气，仅是烧着几只煤炉放在过道。大家都穿着棉袄。我早早去前排占了座位，准备好钢笔和笔记本。那时陈忠实刚三十出头，远不是《白鹿原》出版时那副沟壑纵横、沧桑凝重的面孔。正是虎虎有生气的年纪，棱角分明的脸庞充满活力。我注意到他穿着当时农村小伙常穿的土布棉袄，罩着一件四个兜兜的干部制服，显得朴实庄重，这副模样与他厚重大气的作品十分合拍。我心里想，陈忠实就该是这副样子。当然，我更注意他讲话的内容，我记在笔记本上的重点是：什么是重大题材？陈忠实一脸认真地说，无产阶级革命进行到一定历史阶段带普遍性的问题就是重大题材……

我当时钦佩极了，心想这么复杂的问题人家怎么一句话就说清楚了。时隔多年，我跟陈忠实说起当时情景，两人皆哈哈大笑。那会儿对文学无比虔诚，贾平凹刚发表学习雷锋的《一双袜子》，路遥写的是学习大寨的《优胜红旗》，正是由于亲历那段弯路，体会深刻，才会有日后彻底的反思与新生。

也是那次会上，有次午餐与陈忠实同桌，菜有荤有素，还有只鸡。陈忠实说看见鸡就想起当公社书记带人到农民家中催收毛猪鲜蛋，有些人家把母鸡刚下的蛋都交了，蛋还温热，上面带着血丝。我听了心里十分酸楚，在农村生活多年，知道村干部每年都为完成毛猪鲜蛋的任务犯愁，想不到这位公社书记还能替农民说话，尊敬中又增加了好感。

二

真正与陈忠实熟悉是1979年冬天。刚恢复工作的陕西省作协举办重点作者读书班，三个月时间，首期有陈忠实，我，还有商洛的京夫，西安的张敏、周矢等。我心里非常高兴，觉得这是向他们学习的好机会。

陈忠实1942年出生，要比我年长六岁。老家就在白鹿原下的西蒋村，属西安市灞桥区管辖。我关心的是陈忠实如何走上文学道路并取得非凡成就。陈忠实儿时并无祖母或外祖母讲述天上或地上的神话，以至于自己也萌发编织故事的念头。倒是农家子弟的贫寒衣食见拙产生深刻的自卑，只有拼命刻苦学习来找回自信。让老师当众朗诵自己的作文自然是最好的途径。因我也弄过这类把戏，就不难明白陈忠实由此产生的对文学的兴趣。由于陈忠实年长我几岁，又是高中毕业，所以“文革”前1965年就在

《西安晚报》上发表了《夜过流沙沟》《杏树下》《樱桃红了》等多篇散文。创作的动因除了兴趣爱好、名利稿酬，我认为还应有最深沉也最根本的原因：改变命运。高中毕业的陈忠实注定知道，除了他所在的西安市灞桥区管辖的毛西人民公社之外，还有偌大的一个精彩天地，世界上没有谁愿意一辈子待在贫瘠的黄土地上。

1980年前后，文学热潮涌动，相关单位邀请陈忠实等名家来汉中讲课。那会儿，我还在农村，责任田刚分下来，百废待兴，从省城一下来这么多文友，还真让人犯愁，家里值钱的东西只有春节准备宰杀的肥猪，一半自用，一半销售零花，可离春节还有些时日，咋办？晚上我犹豫着与妻子商量，岂料，妻子虽系农村妇女，却读过中学，关键是出自大户人家，能识大体，说，她也这么想，提前宰猪，就能早买接槽猪崽，免得临近春节猪崽涨价，也不至于春节淘米洗菜水浪费。这使我大喜过望，那天早早起来，垒大灶、烧汤水，请来宰猪师傅和邻家小伙，七手八脚按倒肥猪，宰杀、褪毛、开膛。待到洗净猪头下水，两扇白生生的猪肉挂上架子，陈忠实几位也正好赶到，他们对迥异于关中的陕南乡俗十分好奇，围着肉架问长问短，陈忠实惊讶我何以把猪头收拾得如此白净，感叹田野冬天还处处绿莹莹充满暖意。那天，我用陕南乡村“吃泡膛”的风俗招待他们。所谓“吃泡膛”就是临近腊月，无论谁家宰猪，都请左邻右舍，新鲜猪肉切得如木梳大小，做起大砣豆腐，再配上刚从地里拔回的萝卜白菜，杂七杂八“一锅熬”，还要煮上一大锅心肺汤，用大盆盛了，大伙围着，大块吃肉，大碗喝酒，男女说笑，并无拘束，几多痛快。一晃，这一幕过去二十多年，我已淡忘。不想，2003年，我出文集请陈忠实写序言时，他在长达万字的序言中用了几千字专门写下一节《关于一座房子的记忆》，详尽描写了去我家见到的乡村乡景与“吃泡膛”的过程。

陈忠实此文刊于《人民日报》（2003年10月29日），我写此院的《山水入室》（见《随笔》2004年3期），多家报刊转载，入选《2004中国散文排行榜》，使农家小院成了名院，成了凡来汉中的文友必去光顾的地方。不仅如此，2013年5月28日，在与陈忠实通话中，他还说：“你那小院真好，可不敢叫哪个开发商弄日塌。”我说：“不会，正准备维修，还想让你写副楹联刻在门上。”陈忠实说：“我的字不好看，你那儿去的人多，别叫人笑话。”我说：“别人写得再好也不要，这字就得你写。”我请陈忠实写的是晚清光绪老师翁同龢写给曾变卖家产支持孙中山革命的南浔张静江的一副名联：

世上数百年老家，全在积德；

天下第一等好事，还是读书。

6月23日，陈忠实来电话告知字已写好寄出。6月30日收到，是用六尺宣纸所写，笔力劲健、布局均匀、首尾兼顾、很见气势，是陈忠实难见的书艺上品，足见用心。我亦选用百年柏木板雕刻了悬挂起来，如今成了永恒的纪念。

也是那次讲学间隙，陈忠实让我带他去看看汉江。冬日江水明净清冽，如带蜿蜒，长长的江堤两岸是秦岭南麓依然葱绿的田野，陈忠实说这是在他的家乡冬日绝对看不到的情景，兴致很高。我们谈文学，谈当时都关心的社会话题，愉快融洽，不知不觉间，回到市区已临正午，正感口渴，陈忠实为路边水果摊陕南火红的蜜橘吸引，买了几个，硬把两个大的塞给我。陈忠实在我心里一直是关中硬汉的形象，写出的作品雄健浑厚，铿锵有力。用贾平凹的话说，是钢筋水泥砌出来的东西。可这一瞬间，我看见这壮实的关中汉子眼中洋溢着和善的柔情，分明是富于人情味和良善的一面，我心里震颤了，因为我自幼因父亲错案从西安流放到陕南乡村，遭遇的打击屈辱太多，别人躲闪唯恐不及。那会儿出身好、有地位、不整人就是难得的好人。就我的体会，良善、同情和宽容，这些人类社会运转了几千年积累的文明，本应该发扬光大，可被多年的七批八斗涤荡得一干二净，凡能对弱者友善、同情，假以援助者也注定经历过苦难，甚至挨过整，对生活的酸甜苦辣有切实的体味又自强自信的人才能拥有这等情怀。从那时我就隐约感到，我当时的困难处境拨动了陈忠实良善的心弦，对我假以援助之手，从心里认定陈忠实如同他的名字一样忠诚可靠、可交。一种敬重兄长般的感情从胸中涌起并扎根。

事实上，在文学这条艰难的跋涉道路中，陈忠实给予我许多切实有力的帮助。我的短篇小说《庄稼院轶事》经他推荐发表在《北京文学》1982年第3期，他和省市宣教系统领导多次呼吁，我终于在1982年底破格由农村调进汉中市群艺馆。尤其不能让我忘怀的是，1987年，我已在鲁迅文学院和北大首届作家班学习几年，妻子还带着两个女儿在农村种责任田。当时，我长中短篇小说均已出版，也拿了几个奖，达到了家属“农转非”的标准，可报告打了多次都迟迟得不到解决。上学期间，我请假回家收种庄稼，两头不能相顾，很是狼狈。十三大召开时，陈忠实当选了代表，见到也是党代表的汉中地委书记王郧，反映了我的情况，结果拖了几年的事情一个星期就解决了。当通知我填表时，我蒙了，还不相信，事后才知道陈忠实做了工作起的作用。

三

其实，作家之间的交往最终还是作品，是文学，所谓“以文会友”，谈陈忠实便离不开他的代表作《白鹿原》。事实上，《白鹿原》问世的二十多年来已与陈忠实水乳交融，这是一位大家与一本巨著最完美的结合。《白鹿原》因陈忠实而闪亮世界，陈忠实因《白鹿原》而扬名中外。

但《白鹿原》的问世并非一蹴而就，而是经历了漫长又艰难的创作过程。20世纪80年代中期，新时期的中国文坛出现新的动向，各省崭露头角的作家在中短篇小说领域进行了反复的角逐较量之后，纷纷酝酿着向长篇小说进军，而长篇小说则往往是最终衡量一个作家创作实力的试金石。陈忠实还没有出长篇的动静，却见到他一部部的中篇《初夏》《四妹子》《最后一次收获》《蓝袍先生》等，我在阅读这些作品的时候，感觉到陈忠实的写作已经发生明显变化，作品依旧保持厚重沉稳和大气，人物却有了地域的拓展，比如四妹子由陕北到关中，时空有了更大的跨度，比如蓝袍先生的命运贯穿解放前后，这些由地域差异与新旧交替带来的文化冲突，由个人命运折射出整个民族命运的思考，给作品带来了新的艺术视角、新的看点和深刻的思想穿透力，我隐约感到这将是陈忠实未来长篇走向和内容的预兆。

由于隔着一道厚厚的秦岭，关于陈忠实蛰伏于白鹿原下的老家写作长篇小说的种种情况，我只是时有耳闻，其间曾想写信询问或是鼓劲，最终没有动笔是意识到这对陈忠实来讲都属多余。直到1990年初，徐岳创办《中外纪实文学》，陪着陈忠实几位来到汉中写稿，我还诧异，难道长篇写完了？后来陈忠实私下告诉我：给娃挣学费来了！我猛然意识到陈忠实全家全靠他，这几年埋头写长篇，稿酬不多，又要供三个孩子上学，恐怕是最难熬的时候。见他精神还愉快，便问他长篇如何？他回答快了，再没多说。我深知陈忠实不爱张扬，尤其是写有分量的作品。他的名言是：写作品像蒸蒸馍，不敢把气漏了。绝不像有的作家刚有个题目便谋划着去获奖，作品还是一堆素材就计算能挣多少稿费。尽管那时，陈忠实的长篇还没有问世，但我深信他属于能沉得住气，能干大事的人，不鸣则已，鸣则一定惊人。

终于，1993年初，我接到陕西作协召开长篇小说《白鹿原》研讨会的通知。在此之前，我已在《当代》上读到《白鹿原》的上半部。我至今不能忘记当时阅读的情景，拿到《当代》一见标题和陈忠实的名字，心便“怦怦”跳起，到底出来了！我长出口气，由于盼望已久且是我敬重文友的作品，不能马虎。我躲回农村小院，端出藤椅，泡上绿茶，几乎是屏心敛息的阅读，当时最大的感受是两个字：震撼！几乎每读一章，都要站起来走动，在小院乱转，屏息心跳，深切感受到这部作品一切都把握得那么准确到位，仅是《白鹿原》这书名就一字千钧，黄河流域，黄土高原，八百里秦川，中华民族的繁衍诞生之地，20世纪又是这个民族最为动荡、不安、裂变的时期，白、鹿两个家族深深根植于这个古老民族的血脉之中，两位当家人白嘉轩和鹿子霖简直是中国深厚传统文化的集大成者，在他们身上，忠厚与精明并存，豁达与狭隘混杂，正义和邪恶孪生，几乎在所有的矛盾和冲突中都折射着我们这个古老民族传统文化的精华与糟粕。作品对关中乡村生活做了大规模的提炼与概括，精选出有文化内涵的生活细节，均匀地分布于作品的章节之中，形成强有力的思想冲击和穿透力，对这片深厚的土地，这个古老的民族，这个独特的时期，表达出绝对不同于任何人和任何学说的独特的感受或者说认知。

尽管当时下半部还没读到，但我已对整部作品充满信心，我的感觉是那会儿全国出版的长篇小说没有一部能与《白鹿原》相比。

研讨会上，我没有发言。我牢记着的还是陈忠实的发言，他说《白鹿原》写作期间，遭遇过中篇小说集《四妹子》出版后要自己销书的尴尬，所以在制定写作《白鹿原》种种目标之外，还定了一个目标，要让这本书走进最广大的群众之中。作品在《当代》发表后，他专门去建国路书摊询问，摊主说这期《当代》已销售完，你得赶紧去钟楼总店。待他去钟楼，那儿的也销售完了。售主还说，你要的话得预先登记下期，还有下半部哩。陈忠实要了登记簿，仔细查看，在长长一串预定的名单中，有教师、医生、学生、店员、干部和工人，唯独没有一个熟悉的文学界人士。至此，写完《白鹿原》的一颗忐忑不安的心终于放下了……

听这话时，我的直接感觉是陈忠实和他的作品已经融入这个时代，融进了最广大的人群，而成为他们最信赖也最可靠的代言人。我毫不犹豫地认为《白鹿原》的艺术成就处于中国当代文学的巅峰位置，正是这部巨著，使中国文学与世界文学有了对话的可能和资格。假如有一天，《白鹿原》获得诺贝尔文学奖，我也会说，在我心中，这部巨著自问世便已步入这辉煌的文学殿堂。

四

中国当代最著名也最具影响力的文学大家陈忠实的去世，在中华大地掀起久久不息的波澜，国家党政领导、文学艺术界、社会各界都以各种方式缅怀这位人民作家。

2016年5月4日我与汉中文联主席武妙华、副主席丁小村一行至西安，莫伸已召集叶广芩、张虹、陈若星、子页、曹谷溪、丁晨等十余位与忠实交好的原作协主席团老人，先在省作协集体悼念，然后去忠实家祭奠。我特地从汉中带去忠实生前最爱喝的西乡鹏翔绿茶一箱，并从家中找出1998年为忠实与夫人所拍合影，放大制作，也一并带去交与忠实夫人与儿子海力，大家与他们合影离开。

5月5日上午全程参加送陈忠实仪式，沿途均有协警维护，秩序井然。7时50分赶到，广场已人满、车满，花圈、挽联构成庄重肃穆气氛。可供千人追悼的咸宁厅已大门紧闭，盖因党政要员、各界代表、名家名人云集，需保障程序进行。我至大厅门口，有人等候，得以入厅。8时准时开始，哀乐悲切，众人默哀。我登二楼拍照，力图留下尊敬兄长最后场景。程序进行至瞻仰遗容时我靠近至两米拍下照片，却不忍传发。在送别现场见到伴随陈忠实最后三天、写出第一篇悼文的省委宣传部副部长、剧作家、作家陈彦，对他表示敬意。在追悼会现场与多位多年未见文友见面，那张划时代的1980年陕西作家群照片中的作家，唯剩贾平凹、徐岳，和我在会场见面，互道珍重。5月6日省政协《各界导报》整版刊登我怀念忠实文章，表达敬意。

忠实文兄安息。

【王蓬，一级作家，二级岗位（二级教授），1993—2013年先后任陕西省作协副主席，汉中市文联主席、作协主席。出版著作30余种，文集八卷。系享受国务院特殊津贴专家和陕西省有突出贡献专家。】

陈忠实的两次柴达木之行

文/甘建华

没有见过陈公忠实先生，这是我引以为憾的事情。尤其在他去世之后，哀恸与自责不时折磨着我的神经。

我其实是有机会拜望陈公的，也准备在今秋抽暇赴西安，走访我所仰视的陕西文坛诸公。我是陕西女婿，岳父里籍安康。恩师李若冰先生的夫人贺抒玉阿姨健在，我与李家时通音问，又有许多认识的师友，还有不少神交已久的文坛前辈，都有理由再去那个十三朝古都，完全有可能见识传说中的“原下好人”。然而我总是以为，他们年高德劭，身康体健，有的是时间等待我辈晚学的拜望。却恰恰是这个时间，毫不留情，从来不与人商量，风一般吹过后，一茬英雄老矣，正在逐渐凋零。

知道陈公的大名，是1983年春天，其时我正入读西宁湟水河畔一所大学。那天晚自习，在学校图书馆期刊阅览室，翻阅新到的上海《小说界》，看到中篇小说《康家小院》，至今仍记得首句：“没有女人的家，空气似乎都是静止的。”记住了康田生、勤娃这对父子，为玉贤的婚姻之痛沉吟良久。后来读了《初夏》，读了青海大型文学期刊《现代人》发表的《四妹子》，我眼中的陈忠实就是一个陕西作家。直到十年后，从高原调回家乡，在那个苦热的夏天，连续两个昼夜，畅读人民文学出版社出版的长篇小说《白鹿原》，陈忠实的关中风情才转换为中国气象。开篇语“白嘉轩后来引为豪壮的是一生里娶过七房女人”，这是一个《百年孤独》式的开头，联想起《康家小院》第二句“康田生三十岁上死了女人”，觉得他对男人死老婆似乎很感兴趣。不过，他的名字也就此植入了我的心里，而封面那个双手拄着棍子的白胡子老头，似乎比作者本人的形象来得更加真实可感。尤其是后来，听闻那句“写一本在我死的时候可以做枕头的小说”的名言，不由人不震撼，甚至有五雷轰顶之感。现在看来，他是真的做到了，这就更让吾侪惭愧。

又过了二十年，癸巳蛇年，我五十而知天命之年，在湖南衡阳策展“诗文风流·翰墨飘香——中国作家书画作品展”，广撒英雄帖，诚邀海内外文章大家名流巨公参与其盛。征稿期间，国务院研究室忽培元先生因私来游南岳，由我出面陪同接待。他曾在黑龙江大庆市委挂职副书记，与我有一种共同的石油情怀。在磨镜台景区游览时，身为著名作家、书法家的他，向我谈起乡党陈忠实的书法作品，夸其书风刚毅勇猛，墨色温润，用笔果断，卓尔不群，在文人书法中独树一帜。我正愁无由与陈公联系，忽司长拨通了他的电话，让我亲自告知其事，拜托寄赠墨宝参展。那边厢，陈公一口浑厚粗糙的关中口音，笑着说：“我的字拿不出手，只是写着玩儿，你甭当真。”经不住我的再三恳求，他说：“那我试试看吧。你把地址发过来。”后来因为种种原因，我却一直没有收到他的墨宝。

翌年甲午新春之后，我接受青海省海西州政协的委托，为“柴达木文史丛书”写作一本《冷湖那个地方》。因为我曾是一个柴达木人，之所以能有今天的造化，与柴达木的培养是不能分开的。所以，我把所有其他的事情搁置一边，闭关式地弄了两三个月，不仅写出了散文《西部之西地理辞典》，而且写出了百余则文史笔记《盆地文坛艺苑逸事》。两篇文章都从不同的角度，谈到2004年8月底的一件盛事：中国作协西气东输采风考察团从北京冒雨出发，穿陕北黄土塬，跨山西太行山，经陕京复线、长庆油田，到达柴达木盆地西部尕斯库勒湖畔。采风团团长、中国作协副主席陈忠实，在兰州一家宾馆等候与大家会合。团员有著名作家、诗人尹汉胤、熊召政、赵瑜、邓贤、郭雪波、萧立军、张洪波、冉冉，中国石油作协主席、中国石油报社社长肖平（著名诗人肖三之子）、西气东输管道公司党委副书记李伟、《地火》主编杨绽英全程陪同。

陈公此行，外界没有怎么特别关注，而他自己比较看重的一点，乃是此前2002年秋天，他被聘为西安石油大学驻校教授。第二年春节以后，他就在学校为其提供的居所内安顿下来，白天整天的事务包括写作、读书、会客，都在这儿进行。每写完一篇作品，他都会在文末缀上时间，还有西安石油大学所在地“二府庄”。所以这次应中国石油作协之邀，是与其石油大学相关教职的配套经历。

关于陈公在尕斯库勒湖畔采风考察的行状，一是来自于我的大学同学凌须斌，二是同行的吉林诗人张洪波，三是随团女记者张丽娟写的随行记。凌须斌当时担任《中国石油报》驻青海记者站站长，跟随采风团在盆地活动，并与陈公在油砂山合影留念。他告诉我，8月29日下午，经过九个小时的跋涉，驱车五百多公里，陈公一行从敦煌赶到了盆地西部，远远地便瞅见昆仑山脚下蓝悠悠的尕斯库勒湖。一路上的长途颠簸，高原反应，单调干枯的景色，让他感觉十分疲累，此时见了融雪汇聚成湖的纯净的水，心里十分高兴，说：“远荒大漠中有这一潭好水，多么珍贵难得啊！”在尕斯库勒油田发现井跃参1井前，戴着白色帽子，身着深蓝色中石油工作服，眺望高耸的祁曼塔格雪山，他使劲地抽着雪茄，眯缝着眼睛，默默地伫立了许久，之后缓缓开言道：“以前我光听说石油人工资高，待遇好，现在看来完全是片面的，也是错误的。在这样的不毛之地，长年累月，很多人可能一辈子都得待在这儿，把整个青春和生命贡献给了柴达木，我想任何人知道都会为之感动不已的。”得知采油一厂文学青年们想办一本刊物，他应邀欣然题写刊名《尕斯湖》。由于身体状况不好，围观者、索字者太多，他将“尕”误写成了“孕”。经人提醒，回到西安后，他马上再写一幅寄来，并再三致歉。现在青海油田内部网站上挂着的《尕斯湖》电子刊物，就是他重新题写的三个字。

原在华北油田工作的张洪波，是继李季先生之后最著名的石油诗人。他跟随陈公走进大盆地，来到尕斯库勒湖畔，写下《柴达木随笔》三首诗作，分别是《跃参1井》《狮20井》《冷湖石油基地残垣》，诗中有一种慷慨悲歌的英雄气象。他告诉我，采风团走到甘肃敦煌，陈公严重腹泻，但还是坚持走到了花土沟。张洪波当时也差点儿半路撤退，因其腰部长了一个疖子，愈来愈难受，每天要坐车，有点儿挺不住了。从花土沟医院换药回到宾馆，陈团长问他病情咋样，严不严重，他说还能坚持，陈公说那就甭喝酒了。回到长春，一下飞机，张洪波就被直接送到部队医院，不照片都能看到肚子里的东西。

到达花土沟次日上午，参观世界海拔最高的油井狮20井（3430.09米），返回花土沟镇的途中，陈公的心情显得特别沉重。在那个一望无际的荒漠深处，他没有看到一片绿叶，深知水对于天、地、人的重要性。从那以后，他养成了一个毛病：喝完矿泉水，还要在嘴上再磕磕瓶子，把瓶壁上点点滴滴的水全都磕进嘴里。洗手时伸着一双手，迟迟不敢放入盆中，嘴里念叨着：“多好的水啊！多好的水啊！”为了缓解沉闷的气氛，张丽娟问他业余爱好是什么，他说写毛笔字、跟朋友聊天。聊天？惜言如金、不善辞令的他喜欢聊天？小张感到困惑不解。陈忠实这样解答她的疑问：“我有个毛病，别人说话的时候从不插言，只要有人说话我就听，不管是任何场合，有人说我就不说了。”小张告诉他，最近刚买了他的新作《鹿野村》，准备拜读。他心平气和地说："假的，绝对不是我写的。""假的？"面对她的惊讶，他表现出一丝无奈："完成《白鹿原》以后，我再没写过长篇小说，可是现在社会上盗用我的名字，出版的长篇小说有十几种版本，假冒让我毫无办法。"

陈公虽然只去过一次尕斯库勒湖，但写了一篇影响很广的散文《柴达木掠影》，最初载于2004年12月27日《文艺报》。他在文中感叹道："在柴达木一路走来，超绝想象的大自然的严酷，对我发生着连续的冲撞；传说的和墨写的开发柴达木的英雄业绩，对我也发生着令人由衷感动感叹的冲撞；眼见的正在掘进的钻机和悠然运动的抽油机，穿着溅有油痕制服的技术人员和工人，一张张自信而又鲜活的脸孔，有一种更富活力的冲撞。尽管我不可能加入这种环境下的这一群劳动者的行列，却乐意接受这种冲撞，增强精神和心理的钙质，更踏实更从容地面对生活。"后来，他告诉《西安晚报》记者："作家急需这样的采风活动，到火热的生活中去充实、激发他们的创作灵感，此行最忘不了的是柴达木、花土沟和尕斯库勒湖。"

2015年春天，我开始考虑编选《名家笔下的柴达木》《天边的尕斯库勒湖》两个散文选本，《柴达木掠影》自然在首选之列。有一天，我在室内书架前逡巡，拣出陈公散文集《走出白鹿原》，看到《车过柴达木》之一《骆驼刺》、之二《盐的湖》，以为是2004年柴达木之行的收获。再看版权页，陕西旅游出版社

2001年1月版——不对啊！难道陈公有过两次柴达木之行？给他打电话，没有开机，也就只好暂时作罢。

是年11月4日早上七点半，我给陈公发去短信，告诉他正编辑有关柴达木盆地的散文选本，征询是否同意收入其大作。不到两分钟，电话来了，他说："建华，我支持你编这些散文选本！这是功德啊！大好事嘛！一般人还弄不了呢！我的文章你就随便用吧！还需要我做什么，你吱一声！"我当时的心里滚烫滚烫的，却忘了问他到底有过几次柴达木之行。将他的电话后四位数以*取代，截图连同文字发到微信朋友圈，点赞如云，都说没有想到国内文学界泰斗级人物，竟然如此平易近人。中国作协和书协两会会员、北京军区政治部副主任马誉炜将军一言以蔽之："越是大家越谦逊！"

2016年5月13日，《青海日报·江河源》文学副刊发表纪念陈忠实先生的专版，其中一篇是原青海省广电厅厅长、著名作家王贵如先生所写《留得大作励后昆》，谈到陈公1999年8月应解放军总后及青藏兵站部之邀赴青藏线采风。他俩西宁会面是8月12日夜，陈公第二天踏上征途，进入柴达木盆地应为13日深夜或14日凌晨。《骆驼刺》第一句："列车是在沉沉夜幕中进入柴达木的。"说明他是坐火车直接去兵城格尔木。《盐的湖》第一句："恰好在我划拉着几笔感触印象的时间里，火车已经进入盐的湖了。"说明《车过柴达木》就是此行所写。

5月17日下午，我拨通著名作家王宗仁先生的电话，他曾任解放军总后创作室主任，现为中国散文学会顾问。他说那次活动的组织者和领队就是他，当时组织几位军旅女作家奔赴青藏线采风，她们是《解放军文艺》主编王瑛、编辑文清丽（现为副主编）、海政创作室副主任卢晓渤、沈阳军区创作室专业作家庞天舒，负责全程接待陪同的是青藏兵站部宣传科干事王鹏。最初的名单中并没有陈忠实，当他在西宁街头出现时，王宗仁吃了一惊，不过很快明白了原委，对这位乡党的加盟表示欢迎。到了格尔木，第二天登昆仑山，第三天兵分两路，王宗仁先生等人去拉萨，陈公和另一位飞往西双版纳。

我想得知陈公柴达木此行更多的结果，于是上网搜索，结果发现了《陈忠实年表》。作者宣称："《陈忠实年表》是我和陈忠实反复修订的，原载《陈忠实的人与文》（中国社会科学出版社2013年版），系该著的附录。谨以此纪念我的朋友陈忠实。"仔细读后，发现年表遗漏了陈公一生中两个非常重要的文化活动：一个是1999年8月他与军队文化最高规格的接触，这是要写进军史的；一个是他2004年8月载入中国文学和中国石油大事记的挂帅西征，而且都与柴达木盆地有关。

陈公因病遽归道山，举国悲痛，哀荣备至，撰写文章纪念他的人很多。我本不想凑这热闹，何况交情一般，只因情系故地柴达木，也是不愿陈公事迹湮没无闻，因此写下这篇文章，也算告慰陈公的在天之灵吧！

【甘建华，1963年8月生，湖南衡阳市人。中国作家协会会员，中国散文学会会员，中国地理学会会员，中国书画收藏家协会会员，湖南省湖湘文化研究会副会长，湖南作家书画院副院长，南华大学衡湘文化研究所研究员，衡阳师范学院客座教授，高级编辑职称。出版《西部之西》《天下好人》《铁血之剑》《蓝墨水的上游》《江山多少人杰》《冷湖那个地方》《柴达木文事》《盆地风雅》等专著，五次荣立三等功，数十次获得新闻、文学奖项。】

编后记

2016年4月29日早晨，外界传来的第一个消息就是陈忠实先生去世了。未及详考，泪水先流。虽难以置信，但我知道媒体不会拿先生的生死开玩笑，因为他高山仰止。

我一直在等先生的来信。今年年初，我和陈忠实先生商量出一本散文集《白鹿原头信马行》，我提出请先生写一个短序，先生答应了。我心中很感念，因为他的身体不好，我是知道的。2015年《白鹿原纪事》出版前，我也曾请先生写序，先生慨叹说，写不了了，身体不好。但是这一次，先生却说会尽力帮我写一个短序。

先生不用短信和电子邮件，我们的交往沟通靠电话和书信。所以我一直在等先生寄来短序，却不料等到了如此噩耗。

高山崩坍，碎片般的消息铺天盖地，震惊了文坛，也震惊了国人，仿佛民族的脊梁又一次受到重创。

的确如此，陈忠实的人品和文章担得起中华民族的“道义”二字。

在《白鹿原》中，中华民族到了最危难的时候，抗战的英雄站起来了；兵痞、土匪、流氓乘乱猖狂起来的时候，“乡约”立起来了；白嘉轩的脊梁断了，但他仍然担当着白鹿原上的“道义”，将邪恶镇压在塔底……所有人都知道陈忠实写出了一本为自己垫棺做枕的书，却须知能够垫棺做枕的书必定要发出立世之音。

书中的道义，源自历史，也源自心中。陈忠实不畏苦难，不畏权势；淡泊名利，提携后学；不问收获，但问耕耘……所以贾平凹先生称他“关中的正大人物”；而《白鹿原》中彰显的白嘉轩、朱先生、冷先生、白灵一众人等，则传承着从屈原汨罗投江到文天祥正气浩然的民族精魂，所以贾平凹先生称他为“文坛的扛鼎角色”。

也正因此，当陈忠实离开我们的时候，才引起了举世同悲。许多作家、文人纷纷撰文悼念忠实先生，而祁念曾、张效民两位先生则主动与各方联系，积极组织了本书所载的文章，并与我社商议出版。

社长同我商量，问我能否担任责编。我深知此事重大，担心不能胜任。但先生待我真诚，我自责无旁贷。

这本纪念文集终于付梓，来得有点晚，我对作者和读者心怀歉意。但是对于陈忠实先生而言，我却觉得并不算晚，因为他已经如一颗恒星高悬于文学史的天际，我们对他的纪念不是一时的，而是一代又一代的。